掌上国学馆系列

# 《百家姓》篆帖

刘承玮（樵夫）编著

云南出版集团
云南美术出版社

图书在版编目（CIP）数据

《百家姓》篆帖 / 刘承玮编著. -- 昆明 : 云南美术出版社, 2020.12

（掌上国学馆系列）

ISBN 978-7-5489-4129-3

Ⅰ. ①百… Ⅱ. ①刘… Ⅲ. ①汉字－印谱－中国－现代 Ⅳ. ①J292.47

中国版本图书馆CIP数据核字(2020)第249151号

| | |
|---|---|
| 书　名 | 掌上国学馆系列《百家姓》篆帖 |
| 作　者 | 刘承玮（樵夫）编著 |
| 出 版 人 | 李　维　刘大伟 |
| 丛书策划 | 张平慧 |
| 责任编辑 | 张湘柱　刁正勇 |
| 责任校对 | 庞　宇　李金萍　赵关荣 |
| 装帧设计 | 刁正勇 |
| 出版发行 | 云南出版集团　云南美术出版社 |
| 制版印刷 | 云南出版印刷集团有限责任公司<br>新华印刷一厂 |
| 开　本 | 787 mm×1092 mm　1/32 |
| 字　数 | 1千字 |
| 印　张 | 16 |
| 印　数 | 1~2000 |
| 版　次 | 2020年12月第1版 |
| 印　次 | 2020年12月第1次印刷 |
| 书　号 | ISBN 978-7-5489-4129-3 |
| 定　价 | 56.00元 |

EX LIBRIS

# 序

有君言，篆刻是门苦艺事，并戏称为『刻苦』。余谓篆刻：古之经典，天趣朴拙。可识古文，又可练字、醒脑、活手。少长咸宜，趣味盎然。

我与篆刻，早结不解之缘，自幼喜好，常忖奏刀；捧谱冥想，思虑欣然。今相濡相伴已三四载也。花甲之后，劫难重生，顿悟留痕于世。方拾刀而上，坠入『方寸之地』。深学始知篆刻之伟奇变幻之无穷。印面布置，可浑厚平稳而庄重，又可清新秀雅而生动；或动如狡兔，敏捷而神速，或静如处子，恬淡而怡然。文笔择定，或架梁如椽，或纤细如毛；划断而意连，破边而不残。纵横捭阖，随心所欲不逾矩，变化万千不流俗。此非喜印好篆者而莫知矣。

# 赵

趙姓

发祥地在山西省，曾是晋国六卿之一，始祖是為周穆王驾车的造父。

己亥年刻注

# 钱

钱姓

先祖活了八百余岁称彭祖

西周时其子任钱府上士

后子孙遂以官名为姓

己亥年椎夫刻注

## 孙

孫姓

卫武公的儿子名惠孙

後世子孙遂以孙為姓

樵夫己亥年刻注

# 李

李姓

尧舜时的理官 先以理为姓 后为避纣王迫害 避居李树之下 子孙遂改理为李

樵夫己亥年刻注

# 周

周姓

周平王之子封于汝州

称為周家 其后人遂以

周为姓

樵夫己亥年刻注

# 吴

吴姓

源于炎帝姜姓 周武王封太伯三世孙周章為侯改国号為吴 其后代遂以国号为姓

樵夫己亥年刻注

# 郑

郑姓

据元和姓纂记载周厉王之子友封于郑其后人遂以封地郑为姓

椎夫己亥年刻注

# 王

王姓

周灵王之子姬晋因直谏被廢為庶人迁居琅琊世人称其為王家其后子孙遂以王為姓

樵夫己亥年刻注

# 冯

冯姓

周武王的弟弟毕公高受封于冯地 其子孙遂以冯为姓

樵夫己亥年刻注

# 陈

陈姓

周朝初期 周武王

封虞舜后人胡公满于

陈 后人遂以陈为姓

樵夫己亥年刻注

# 褚

褚姓

殷商王族后裔食采于褚邑子孙遂以褚为姓

樵夫己亥年刻注

# 卫

## 卫姓

周文王第九子封于康邑称康叔后又把商代七族划归其统治建立卫国后代遂以卫为姓

相夫己亥年刻注

# 蒋

蔣姓

據百家姓考略 周公

旦之子封于蔣 其子孫遂

以蔣爲姓

桂夫己亥年刻注

沈

沈姓

據元和姓纂所記 周文王之子聃封于沈 其后代以沈爲姓

桓夫己亥年刻注

# 韩

韩姓

韩氏出自姬姓 周武王的少子叔虞的后代毕万受封于韩原 其子孙遂以韩為姓

樵夫己亥年刻注

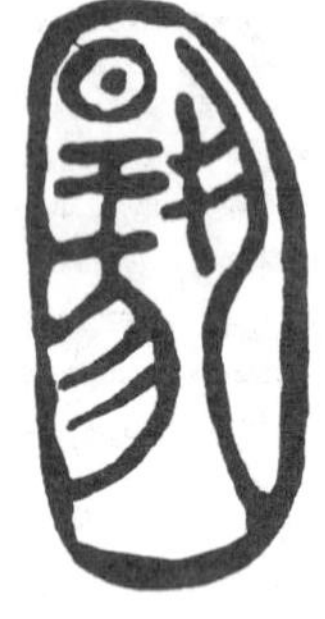

杨姓

周宣王的儿子尚父封于杨邑 号杨侯 其子孙以杨為姓

稚夫己亥年刻注

朱

朱姓

据姓苑所记　周武王封曹挟于邾地　其子孙去掉耳旁　以朱为姓

相夫己亥年刻注

# 秦

## 秦姓

秦姓出自嬴姓伯益的后代嬴非子为周孝王放牧有功子孙遂以秦为姓

相夫己亥年刻注

# 尤

尤姓

五代王审知称闽王 国人姓沈者为避审音 去水为尤

从中可知尤是由沈姓 变化而来的

椎夫己亥年刻注

# 许

## 许姓

尧帝欲让位给贤人许由

许不愿 退隐颍水之阳 许

由的后人皆姓许

樵夫己亥年刻注

# 何

何姓

何姓系出韩姓，韩王安被秦所灭，其子孙逃往江淮一带，当地韩与何的音相近，故改何姓。

樵夫己亥年刻注

# 吕

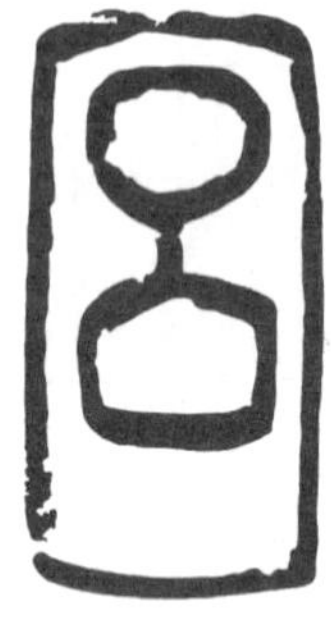

## 吕姓

吕姓出自姜姓，神农伯裔伯夷仕尧掌礼，佐大禹治水，封于吕，后人以吕为姓。

樵夫己亥年刻注

# 施

施姓

据元和姓纂所记周朝鲁惠公的儿子为施父其第五代孙施伯开始以施为姓

稚夫己亥年刻注

# 张

張姓

黄帝的孙子挥任弓正 又名弓長 弓長二字合一為張 遂以張為姓

相夫己亥年刻並

孔

孔姓

商纣王的庶兄受周朝封于商丘 后世孙孔父嘉的子孙因事逃往鲁国 以孔为姓

相夫己亥年刻注

# 曹

曹姓

周武王第十三子振铎

受周武王封于曹地建立

曹国 其后人遂以曹為姓

相夫己亥年刻注

## 严

严姓

春秋时楚庄王后世孙以其谥号为庄姓　东汉明帝为刘庄为避讳改庄为严姓

相夫己亥年刻注

# 华

華姓

春秋时宋戴公的子孙名督食采于华故子孙以華为姓

桓夫己亥年刻注

# 金

金姓

黄帝子少昊称金天氏 其后人以祖先称号金字为姓

樵夫己亥年刻注

# 魏

## 魏姓

周文王的后代毕万在晋国为大夫 受封于魏 其子孙以魏为姓

樵夫己亥年刻注

# 陶

陶姓

尧称帝前先受封于唐 后封于陶 称陶唐氏 后世有一支姓陶

椎夫己亥年刻注

# 姜

姜姓

据百家姓考略记述

姜姓出自神农氏，神

农生于姜水，故姓姜。

桓夫于己亥年刻注

# 戚

戚姓

据姓谱所记 春秋时魏国大夫孙林父受封于戚邑 其后人遂以戚为姓

相夫己亥年刻注

# 谢

## 谢姓

据史记所记 周宣王封其舅申伯于谢 其后代遂以谢为姓

楷夫己亥年刻注

# 邹

邹姓

周武王封曹挟于邾

战国时改国号为邹 其

中有一支改姓邹

椎夫己亥年刻注

# 喻

喻姓

西汉苍梧太守谕猛自改谕为喻 其子孙沿用为姓

樵夫己亥年刻注

# 柏

柏姓

上古有柏招為炎帝師

迺同是帝嚳師 封國于

柏 其后代襲用為柏姓

柏夫己亥年刻注

# 水

水姓

夏禹之孙留居会稽以水为姓 另 古代称江河湖泊为水国 岸边居民有的就以水為姓

樵夫巳亥年刻注

# 窦

窦姓
夏朝国王相被杀害
其妃从墙洞中逃出生
少康 少康之子为纪念
相母逃难 遂以窦为姓
樵夫己亥年刻注

## 章

章姓

据通志、氏族略所记齐太公之孙受封于鄣，鄣灭后，后代去掉耳旁，以章为姓。

雅夫己亥年刻注

# 云

云姓

颛顼后裔祝融在帝喾时代为火官，封于妘罗地，其后代去掉女旁为云姓。

雅夫己亥年刻注

# 苏

苏姓

祝融的孙子昆吾受封于苏建立苏国 其后代遂以苏为姓

樵夫己亥年刻注

## 潘

潘姓

周文王的后裔毕公高封于毕地，称毕公高。封小儿季孙于潘，其后人以潘为姓。

桂夫己亥年刻注

# 葛

葛姓

夏朝时嬴姓诸侯中有葛国 国君称葛伯 国亡后 其子孙以葛为姓

稚夫己亥年刻注

# 奚

## 奚姓

黄帝的儿子禺阳受封于任地　禺阳后裔孙名仲在食采于奚地　称奚仲　后代遂以奚爲姓

桂夫己亥年刻注

# 范

范姓

帝尧的后裔刘累的裔孙范武子晋国食采于范地 其后代以范为姓

樵夫己亥年刻注

# 彭

彭姓

颛顼的后裔陆终的第三子籛铿受封于彭 是为彭祖 传说活了八百多岁 其子孙以彭为姓

樵夫己亥年刻注

# 郎

郎姓

魯懿公的孫子費伯在郎地建郎邑其子孫以郎為姓

桂夫己亥年刻注

# 鲁

鲁姓

周公旦受封于曲阜其子伯禽就封于鲁其后子孙遂以鲁为姓

樵夫己亥年刻注

# 韦

韦姓

夏朝少康時封其孙元哲于豕韦 建立韦国 伯东韦被商所灭 其王族约是以韦為姓

樵夫己亥年刻注

# 昌

昌姓

黄帝的儿子昌意 昌意的儿子颛顼 建都帝丘為高陽氏 后高陽氏族以祖父昌意的昌為姓

柏夫乙亥年刻注

# 马

馬姓

战国名将赵奢受命援救韩国 胜秦后受封于马服 其后世以马为姓

桂夫己亥年刻注

# 苗

苗姓

春秋时楚国令尹椒之子贲皇受封于苗地其后代以苗为姓

樵夫己亥年刻注

# 凤

凤姓

帝嚳高辛氏時代任凤鳥氏為歷正是掌管歷法及节气令的官 其后人以凤為姓

樵夫己亥年刻注

## 花

花姓

古代無花字通作华花姓由华分出来 後来花专用于花花草草之类 也有姓华的改为姓花的

根夫己亥年刻注

# 方

方姓

据姓氏书辨证所记载
帝后裔方雷氏其后代
到周宣王时改为单姓方
相夫己亥年刻注

# 俞

俞姓

黄帝的大臣俞跗是医药官 精通医术 曾注释素问 是俞姓始祖

植夫己亥年刻注

# 任

任姓

黃帝的小儿子禺陽

受封于任邑建立任國

其子孙以任為姓

樵夫己亥年刻注

# 袁

袁姓

帝舜后裔子孙中有一人名伯爰他的子孙就以祖父名中的爰爲姓 爰與袁通用 是袁姓之始

稚夫己亥年刻注

# 柳

柳姓

春秋时鲁孝公儿子姬展的后裔展禽封于柳下史称柳下惠后世以柳為姓

樵夫己亥年刻注

# 酆

酆姓

周文王小孙子姬封在
周灭商后受封于酆邑
其后人以酆為姓

稚夫己亥年刻注

# 鲍

## 鲍姓

大禹的後裔敬叔 春秋時在齐国任大夫 受齐侯封于鲍邑 他的儿子 子牙开始以封地為姓 即鲍叔牙

稚夫己亥年刻注

# 史

## 史姓

據元和姓纂所記
史姓出自史皇氏，其
始祖是黄帝的史官
倉頡，創汉字，後代以
史為姓

椎夫己亥年刻注

# 唐

## 唐姓

唐姓出自陶唐氏舜封尧之子丹朱于唐其子孙遂以唐為姓又一说是周成王封其弟叔虞于唐地其后代以唐為姓

植夫己亥年刻注

# 费

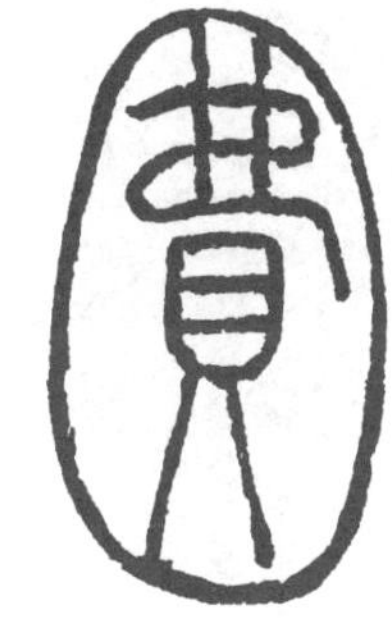

費姓

費姓出自嬴姓 伯益治水有功 受封于費地 其后裔以費爲姓

稚夫己亥年刻注

# 廉

## 廉姓

廉姓出自高陽氏
顓頊的裔孫大廉 其
子以廉爲姓

樵夫己亥年刻注

# 岑

岑姓

周武王封其弟姬渠于岑为子爵，世称岑子，其后世子孙以岑为姓

椎夫己亥年刻注

# 薛

## 薛姓

黄帝裔孙奚仲夏
朝时受封於薛建薛國
其子孙遂以國名為姓

樵夫己亥年刻注

# 雷

## 雷姓

黄帝时有位精通医术的大臣叫雷公，其后人以雷为姓。又一说，上古时代有个部落称方雷氏，其后代也有以雷为姓的。

桂夫己亥年刻注

# 贺

賀姓

春秋时齐桓公的后裔有庆封，传至汉代，其裔孙为避汉安帝父亲刘庆之讳，诏告天下凡庆皆改为贺，其子孙遂以贺为姓

樵夫刻注

# 倪

倪姓

周武王封颛顼后人于郳

郳国君封次子于郳 后被楚

所灭 后人為避禍 改為兒姓

后又加人旁 即為倪姓

椎夫己亥年刻注

# 汤

湯姓

商代成汤的后裔以祖先的名字湯為姓

柤夫己亥年刻注

# 滕

滕姓

西周时期周武王封弟叔绣於滕 其后世子孙遂以滕为姓

椎夫己亥年刻注

# 殷

殷姓

商朝第十代商王盘庚迁都於殷称殷朝其后人以殷爲姓

椎夫己亥年刻注

# 罗

羅姓

春秋时期祝融的后代受封于罗 建罗国 后世以国為姓

樵夫己亥年刻注

毕

毕姓

西周初期，周文王第十五子姬高受封于毕，世称毕公高。其子孙以毕为姓。

樵夫己亥年刻注

## 郝

郝姓

殷商時期殷王乙封子期於郝 其子孫以郝爲姓

桓夫乙亥年刻注

# 邬

邬姓

春秋时晋国人祁藏受封于邬 其子孙以邬为姓

桓夫己亥年刻注

# 安

安姓

黄帝子昌意次子安居西戎自称安息国 其后代以安為姓

椎夫己亥年刻注

常

常姓

黄帝时任司空的常先其后代均以常为姓 又一说 周文王之子康叔分封其子于常邑 居常邑这部分人则以常为姓

椎夫己亥年刻注

# 乐

乐姓

春秋时宋国君子戴公儿子衎，字乐父，其孙以祖父的字乐为姓，世代袭用。

植夫己亥年刻注

# 于

于姓

周武王封其儿子于邘

在称邘叔 后其子孙去掉

右耳旁 以于为姓

根夫 己亥年刻注

# 时

時姓

春秋时 商王的后裔宋国的公子来 受封于时邑 其子孙以封地為姓

樵夫已亥年刻注

# 傅

## 傅姓

殷商武丁时期的宰相本名说 因其早年曾在傅岩处隐居 世称傅说 其子孙以傅為姓

稚夫己亥年刻注

# 皮

皮姓

周公后裔鲁献公之子爰封樊国其子孙姓樊后代中有一人爰封皮氏邑称樊仲皮其子孙有的以皮为姓

稚夫刻注

# 卞

## 卞姓

西周初周武王封弟振铎于曹 曹叔后人中有勇士名庄 受封于卞邑称卞庄子 其后人以卞为姓

樵夫刻注

# 齐

齐姓

周朝太公望封于齐国人以齐为姓

樵夫己亥年到注

# 康

康姓

西周初，周武王封幼弟于康，世称康叔。其后人以康为姓。

樵夫己亥年刻注

# 伍

伍姓

黄帝有一位大臣名伍胥他是伍姓的始祖

桓夫己亥年刻注

# 余

## 余姓

春秋时有一个叫由余的人在西戎做官 后投秦穆公为臣 其子孙有姓余的 也有姓由的

樵夫己亥年刻注

元姓

商朝太史元铣 是元姓的始祖 又春秋时卫国大夫元咺食邑于卫 其后人以元为姓

樵夫己亥年刻注

# 卜

## 卜姓

周朝设有卜卦之官，其后人以官名卜为姓

樵夫己亥年刻注

# 顾

顾姓

夏朝时有顾国 后被陈汤所灭 顾国国君的后代以顾为姓

樵夫己亥年刻注

# 孟

孟姓

春秋时卫国国君叫卫襄公 卫襄公的儿子叫公孟 公孟的子孙有的姓公孟 有的省去公字而姓孟

樵夫己亥年刻注

平

平姓

战国时韩襄侯的儿子婼受封于平邑 韩亡后其子孙以原封地命姓 成为平姓

桓夫刻注

# 黄

黄姓

颛顼帝曾孙陆终受封于黄，建立黄国，其子孙以黄为姓

樵夫己亥年刻注

# 和

和姓

帝尧时掌管天地四时的官员羲和其后人引以为荣遂以和为姓

椎夫己亥年刻注

# 穆

## 穆姓

春秋时宋国君宋殇公為人謙讓賢德，死后谥号穆，史称宋穆公，后世以穆為姓。

樵夫己亥年刻注

# 萧

萧姓

春秋时宋国微子启的后裔萧邑大夫大心，在平息南宫长万叛乱中有功，受封于萧，子孙以萧为姓。

相夫己亥年刻注

# 尹

尹姓

少昊帝的儿子殷

受封于尹城 称尹殷

子孙以尹為姓

樵夫己亥年刻注

## 姚

姚姓

瞽瞍生舜于姚墟

舜继尧位為帝 其子

以出生地姚為姓

稚夫己亥年刻注

# 邵

## 邵姓

春秋时召与邵本为一姓 后分为二 又周武王封其弟姬奭于召地 召公子孙以召为姓 后代有人在召右边加耳旁 表示封邑之意 遂为邵姓

椎夫己亥年刻注

湛

湛姓

春秋时居湛地的人以湛為姓 又夏朝时期 有斟灌氏国被灭后其国人為避禍重组為湛字 以為姓

相夫己亥年刻注

# 汪

汪姓

春秋時魯桓公庶子滿食采于汪 其子孫以汪為姓 又上古有汪芒氏其後人以汪為姓

樵夫己亥年刻汪

# 祁

祁姓

帝尧复姓尹祁氏

后人中有的以祁为姓

樵夫己亥年刻注

# 毛

毛姓

周文王的儿子伯聃受封于毛邑 其后世子孙以毛为姓

桂夫己亥年刻注

# 禹

禹姓

夏禹的后人以禹为姓

又说 春秋时有鄅国其

后代去耳旁以禹为姓

桂夫己亥年刻注

狄

狄姓

在周朝时　齐鲁晋卫之间有狄族　后世子孙以狄为姓　又周成王封孝伯于狄城　其后代遂以狄为姓

壮夫己亥年刻注

# 米

## 米姓

米姓始出于西域米国其中有一支東来到中國定居以米為姓

樵夫己亥年刻注

# 贝

贝姓

周文王的后代召公康封于蓟 其子孙食采于贝丘 后人以贝為姓

稚夫己亥年刻注

# 明

## 明姓

燧人氏时代有大臣名明由 明明姓自此始 又春秋秦国宰相百里奚之子孟明 后代以明为姓

柱夫己亥年刻注

## 臧

臧姓

春秋时鲁孝公的儿子彄，受封于臧地，其子孙，以臧为姓

樵夫己亥年刻注

# 计

計姓

夏禹后人建有计国

亡国后 其后人以計

為姓

樵夫刻注

# 伏

伏姓

伏羲氏的后裔以伏为姓

樵夫己亥年刻注

# 成

成姓

周武王封其弟叔武于郕

后人去掉耳旁以成为姓

稚夫己亥年刻注

## 戴

戴姓

春秋时宋戴公后裔以祖上谥号戴字为姓 又一说 春秋有戴国 其后人以国号戴为姓

桂夫己亥年刻注

# 谈

谈姓

宋国传三十六世有一谈君
受封于谈而得名 子孙姓
谈 又周朝有大夫籍谈
后人也以谈为姓

桓夫己亥年刻注

# 宋

宋姓

周武王灭商后，封商的微子于商丘，建立宋国。国亡后，其王族相约以原国名为姓。

樵夫己亥年刻注

# 茅

茅姓

周公旦的儿子受封於茅邑 建茅国 后人遂以茅為姓

樵夫己亥年刻注

# 庞

庞姓

周文王的儿子毕公高的后代受封於庞地后人以庞為姓

椎夫己亥年制注

熊

熊姓

黄帝建都于有熊 故称有熊氏 其后代有的就以熊为姓

雅夫己亥年刻注

# 纪

纪姓

西周时炎帝的后裔封於纪建纪国其后人以纪為姓

根夫己亥年刻注

# 舒

舒姓

周武王封皋陶后代于舒，建舒国，其子孙以舒为姓

植夫己亥年刻注

# 屈

屈姓

春秋时楚武王的儿子瑕受封於屈地 其子孙就以屈為姓

桓夫刻注

# 项

項姓

春秋时楚公子燕封於項城建項國 其子孙就以項為姓

樵夫刻注

# 祝

祝姓

西周初，周武王分封先代遗民，黄帝后人封于祝地，建立祝国，其子孙以祝为姓。

桓夫刻注

# 董

董姓

帝舜时有个叫董父的人善於饲养龙 豢龙氏被賜以董姓 又说 春秋时晋国有史官 称董史 其后人以董爲姓

樵夫刻注

梁

梁姓

春秋时周宣王的大夫
秦仲有战功 周宣王封
其次子康於夏阳梁山建
梁国 子孙以梁为姓

桓夫刻注

# 杜

## 杜姓

帝尧的后人先封于唐
建唐国 因不服从周朝号
令 被周公旦所灭 改为杜
城 后人遂以杜为姓

樵夫刻注

# 阮

阮姓

商朝时有阮国其王族以国名為姓

桓夫刻注

# 蓝

蓝姓

梁惠王三年 秦王子向命為蓝国国君 后人以蓝為姓 又説 蓝姓出自芈姓 楚公子封於蓝 称蓝尹 其后人以蓝為姓

樵夫刻注

## 闵

# 闵姓

春秋时鲁庄公的儿子当了两年国君，被庆父所杀，谥号闵，称鲁闵公。其后代子孙以闵为姓。

植夫刻注

# 席

席姓

春秋时晋国大夫籍谈是管理典籍的官，后人以籍为姓。秦末项羽名籍，为避讳，后人改籍为席姓。

植夫刻注

# 季

季姓

春秋时鲁桓公的儿子季友，其后人以季为姓

樵夫刻注

# 麻

麻姓

春秋时齐国有一位大夫叫熊婴，以祖先食邑于麻而改姓麻。史称麻婴。其后人都姓麻。

樵夫刻注

# 强

强姓

春秋时齐国大夫公孙彊其后人以强为姓古时彊与强相通

樵夫刻注

# 贾

賈姓

西周時　周康王封唐叔虞的少子公明于賈　稱賈伯　後代以賈為姓

桂夫刻注

# 路

路姓

帝喾高辛氏的孙子玄元因功被封为路中侯，其子孙遂姓路

桓夫刻注

# 娄

娄姓

周武王灭商后封少康的后裔东楼公于杞，东楼公的后裔去掉木字旁以娄为姓

椬夫刻注

# 危

## 危姓

帝舜时期在江西鄱阳湖一带有三苗族部落居住，因参与丹朱与舜帝争位，战败后被舜帝迁至甘肃三危山一带，后人遂以危为姓

樵夫刻注

## 江

# 江姓

江姓出自嬴姓 颛顼裔孙伯益的后人 受封于江陵 建江国 其子孙以江为姓

桓夫刻注

# 童

童姓
颛顼之子老童
其子孙以童为姓
樵夫刻注

# 颜

顏姓

顓頊的后人邾武公名夷父字顏世称顏公其子孙以顏為姓

椎夫刻注

# 郭

郭姓

周武王灭商后 封虢仲于东虢 封虢叔於西虢 号曰二虢 后西虢改号郭 其后人遂以郭為姓

相夫刻注

# 梅

梅姓

殷商时期有梅伯，伯被纣王所杀。周武王克商后，封梅伯的后人于黄梅，其后人遂以梅为姓。

樵夫刻注

# 盛

盛姓

周穆王时有盛国

春秋时被齐国吞灭

盛国国君的后人以盛

为姓

相夫刻注

## 林

# 林姓

纣王无道 杀王叔比干 时比干夫人怀孕逃至長林 生子名坚 纣灭后周武王封坚為大夫 賜為林姓 后世子孙以林為姓

樵夫刻注

# 刁

刁姓

周文王時有雕國其后人改雕為刁以為姓

樵夫刻注

# 钟

钟姓

楚公族鍾建封於鍾吾，其后人爲鍾吾氏，或爲鍾氏，是爲钟姓之始。

樵夫刻注

# 徐

徐姓

伯益协助大禹治水有功禹封其子若木于徐地子孙遂以徐为姓

樵夫刻注

邱

# 邱姓

太公望姜尚辅佐周武王有功封于齐 建齐国 都营丘 后齐国迁都临淄 姜太公有一支子孙留在营丘 子孙遂以邱为姓 为避讳孔子的名 改丘为邱

樵夫刻注

骆

骆姓

姜太公的裔孙公子骆子孙们以骆为姓

桓夫制注

# 高

高姓

姜太公裔孙文公子
受封於高地 其孙公子
高 其子孙以高为姓

樵夫刻注

# 夏

夏姓

周武王克商后 封夏禹的后裔东楼公于杞 另一部份未受封的后裔大多以夏为姓

樵夫刻注

# 蔡

蔡姓

周文王的儿子叔度受封于蔡，称蔡叔度，其子孙以蔡为姓。

相夫刻注

# 田

## 田姓

上古时代 田和陈音相近 姓田的也可称姓陈 反之亦然 陈厉公子完 字敬仲 敬仲为避祸奔齐 改姓田 子孙遂以田为姓

椎夫刻注

# 樊

樊姓

周文王的后裔仲山甫在周宣王时任卿士，受封于樊地，其子孙以樊为姓

樵夫刻注

# 胡

## 胡姓

西周时周武王封舜的后裔胡公满於陈，建陈国。亡后，其子孙有部分人以祖名胡為姓。

樵夫刻注

# 凌

凌姓

据姓氏略记载　周文王之子康叔封于卫　建卫国康叔的庶子在周朝做官位至凌人　这种官　后人以祖上官名为姓

柏夫己亥刻注

霍

霍姓

据百家姓考略记载周文王的儿子叔武封于霍世称霍叔霍叔的后人以霍为姓

桓夫刻注

# 虞

虞姓

舜帝的儿子商均受封于虞城 子孙以虞爲姓 又周太王的次子仲雍的庶孙封於虞 其后人也以虞爲姓

植夫刻注

万

万姓

春秋时晋国大夫毕万的后人以祖上的万字为姓

稚夫己亥年刻注

# 支

支姓

尧舜时代有个名叫支父的人 其后人就以支为姓

相夫刻注

# 柯

柯姓

春秋时吴王有个儿子叫柯卢，其子孙以柯为姓

樵夫刻注

# 昝

## 昝姓

昝姓出自咎姓 但因咎有災禍之意 於是在口上加一橫 更為昝 以昝為姓

相夫刻注

# 管

管姓

西周时 周武王封其弟叔鲜于管 建管国 世称管叔鲜 其后人遂以管为姓

桓夫刻注

卢

卢姓
姜太公的裔孙名傒
受封于卢 其子孙以
卢为姓
植夫制注

# 莫

莫姓

莫姓出自高陽氏 是顓頊的後代 顓頊嘗造鄚城 其後人去掉耳旁 以莫爲姓

桓夫刻注

# 经

## 经姓

春秋时郑武公之子受封于京，世称京叔段。传至后代，为避祸改京姓为经姓。又春秋时魏有经侯，其后代也以经为姓。

植夫刻注

# 房

房姓

帝舜封尧的儿子于房

建房国 后人以国名为姓

樵夫刻注

# 裘

裘姓

春秋時魏國有位大夫受封於裘地其子孫遂以裘為姓

相夫刻注

# 缪

缪姓

缪姓為秦穆公的后代 古時缪与穆同音 秦穆公又叫秦缪公 故一部分后人以缪為姓

桓夫刻注

干

干姓

春秋时有一位大夫叫干犨，其子孙以干為姓

桓夫刻注

# 解

## 解姓

西周初 周武王封儿子叔虞於唐 称唐虞叔 唐虞叔儿子名良 食采于解 称解良 子孙遂以解为姓

樵夫刻注

## 应

应姓

周武王封自己第四十子于应建应国称应侯其后人以应为姓

桓夫刻注

## 宗

宗姓

周朝设有掌管国家祭祀典礼的官，称宗伯，其后人以祖上官名为姓。

桓夫刻注

# 丁

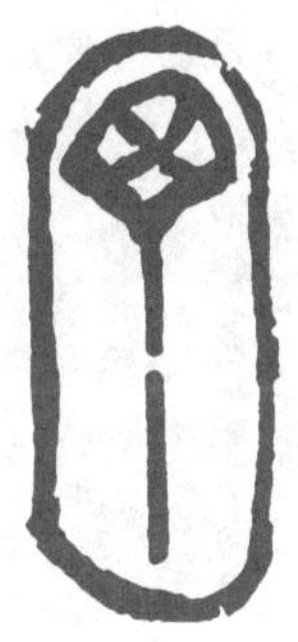

## 丁姓

西周初姜太公的儿子吕伋死后谥号丁公其子孙遂以丁为姓

樵夫刻注

# 宣

宣姓

西周时，周厉王的儿子姬静继承父位为君王，死后谥号宣，是为周宣王，子孙有一支以宣为姓。又，春秋时鲁国大夫宣伯的子孙以宣为姓。

相夫刻注

# 贲

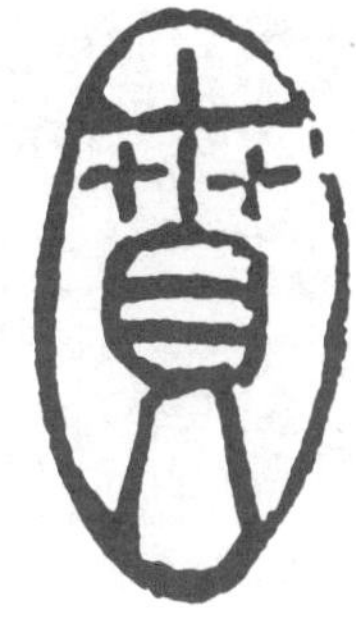

賁姓

春秋時魯國賁族县賁父后人以賁為姓

椎夫刻注

邓

邓姓

殷王武丁封叔父曼季於邓，后人以邓为姓。又殷商时有邓国，为侯爵，称、邓侯，子孙以邓为姓。

樵夫刻注

# 郁

## 郁姓

古代有郁国 是春秋时吴大夫的封地 后人遂以郁为姓 又 春秋鲁国宰相郁贡 后世也以郁为姓

稚夫 刻注

# 单

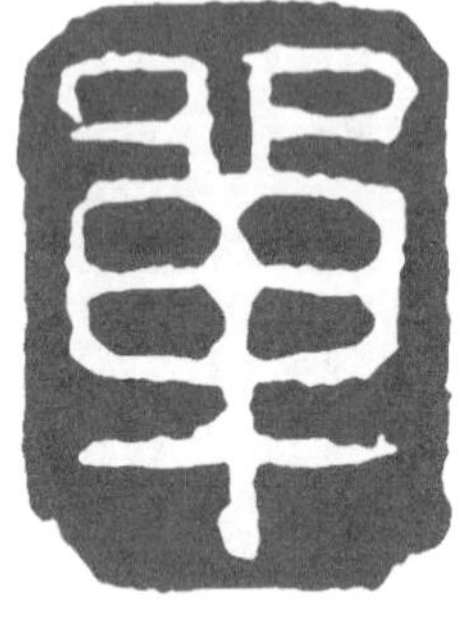

單姓

西周初 周成王封其少子臻于單邑 称單伯 其后代以單为姓

桓夫刻注

# 杭

## 杭姓

大禹治水后 南下的船只交由他的儿子管理 封为余航国 后人改航为杭

相夫刻注

洪

# 洪姓

上古時炎帝的子孫共工氏為避仇，又為有水德，共字加水旁，遂以洪為姓

稚夫刻注

# 包

包姓

春秋时楚国有大夫叫申包胥 其子孙以祖上名字中的包字为姓

稚夫刻注

# 诸姓

春秋时鲁国有诸邑的任
职官吏 子孙以诸为姓 又
越王勾践的后人无诸在汉
初受封于闽越 其后人以
无诸的诸为姓

樵夫刻注

# 左

## 左姓

周朝和各诸侯国设置左史官，如周穆王有左史戎夫，楚成王有左史倚相，他们的后人以祖上官职为姓。

桓夫刻注

石姓

春秋时卫国公族大夫
名石碏 其后人以石为姓

植夫刻注

# 崔

崔姓

齐丁公之子季子以崔地为领地　其后人以崔为姓

相夫刻注

# 吉

吉姓

周宣王时，有大臣尹吉甫，战功卓著。其后人以祖上名字中的吉为姓。

桓夫刻注

# 钮

钮姓

据通志·氏族略所记东晋有钮滔一般人认为是钮姓的始祖

椎夫刻注

# 龚

龚姓

黄帝有大臣名共工 管理水土工作 共工的儿子名句龙 继任父职 他们后人遂把共字和龙字合在一起 以龚为姓

相夫刻注

# 程

## 程姓

颛顼之孙重和黎的后代受封於程地称程伯 其后人以程为姓

樵夫刻注

嵇

嵇姓

夏朝少康帝封其庶子於会稽 称会稽氏 西汉时 会稽氏迁徙至谯郡嵇山 会稽氏遂改为嵇姓

桓夫刻注

# 邢

邢姓

周公旦第四子封于邢、立邢国后人以邢为姓

桓夫刻注

# 滑

## 滑姓

古代有滑国，后来被晋所灭，其子孙以滑为姓。又，滑姓原出自姬姓，系滑国之后。

植夫刻注

# 裴

裴姓

裴姓出自嬴姓伯益之裔孙受封于𨛬邑后人去邑从衣改𨛬为裴遂为姓

桓夫刻注

# 陆

陆姓

齐宣王的小儿子田通封於陆邑 其子孙以陆为姓

樵夫刻注

荣

荣姓

周文王大夫荣夷公受封于荣邑 称荣夷公 其后代以荣为姓 又周成王时 有卿士封于荣 其后人以荣为姓

相夫刻注

# 翁

翁姓

周昭王庶子受封于翁山其后人以翁为姓 又夏朝初期有贵族名叫翁难乙 他是翁姓最早祖先

桓夫制注

# 荀

荀姓

周文王的一个儿子受封于郇，建郇国，称郇伯，其子孙改郇为荀，以荀为姓

稚夫刻注

# 羊

## 羊姓

羊姓出于祁姓　春秋时晋国大夫祁盈受封于羊舌称羊舌氏　其后人去掉舌字以羊为姓

樵夫刻注

# 於

於姓

黃帝時有一位大臣有功受封于於 遂名於則 其子孫以於為姓

樵夫刻注

# 惠

惠姓

据元和姓纂记载周惠王的后代子孙以祖上谥号惠字为姓

樵夫刻注

# 甄

甄姓

据百家姓考略记载皋陶的次子仲甄在夏朝为卿 受封于甄 子孙遂以甄为姓

椎夫刻注

# 诎

诎姓

西周初朝廷中有官职的叫诎人，是管理酿酒的官人。其后世子孙以诎为姓。

樵夫刻注

家

家姓

据百家姓考略记载周孝王的一个儿子名家父其后世子孙以家为姓

椎夫刻注

封

封姓

据姓苑记载 炎帝裔孙名钜 夏朝时封其后代于封父 其子孙遂以封为姓

椎夫刻注

# 芮

芮姓

西周初，周武王封姬姓司徒于芮，建立芮国，称芮伯，其后人以芮为姓。

稚夫刻注

# 羿

羿姓

夏代有穷氏的首领叫后羿 其子孙以羿为姓

樵夫刻注

# 储

## 储姓

上古时有储国，后代以储为姓。又一说，春秋时齐国有位大夫名储子，其后世子孙也以储为姓。

樵夫刻注

**靳**

靳姓

据风俗通记载 战国时
楚怀王有侍臣名尚 被
封于靳江 称靳尚 其子
孙以靳为姓

樵夫刻注

# 汲

## 汲姓

汲姓出自姬姓 春秋时周文王的后人康叔封于卫建卫国 卫宣公的太子居于汲 称太子汲 其后世子孙以汲为姓 相夫刻注

# 郇

郇姓

春秋时 晋国大夫封于郇 其后人以郇为姓

桂夫刻注

# 糜

糜姓

糜夏同姓 糜姓起源夏代 当时有人种糜十闻名于世 后人遂以糜为姓

桓夫刻注

# 松

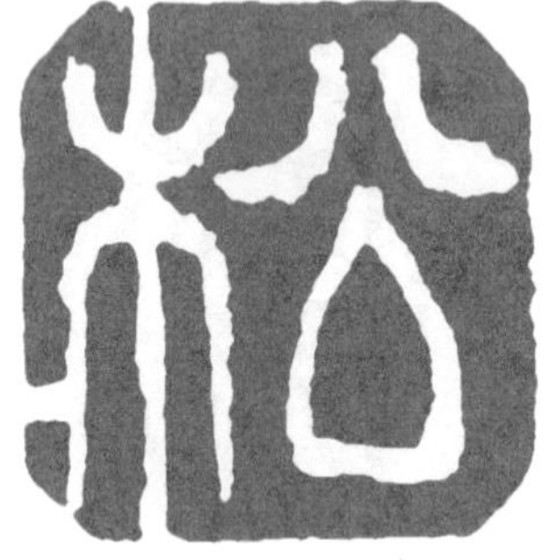

## 松姓

秦始皇巡幸泰山遇雨避雨于松下，封此树为五大夫松。同时避雨的人以松为姓。

椎夫刻注

# 井

井姓

周朝大夫井利后人以井為姓又春秋時虞国有人受封于井邑稱井伯后人又以井为姓

樵夫刻注

# 段

## 段姓

春秋时周武公之子郑庄公之弟称共叔段，其子孙有以姓共，有以姓段。又，道家始祖李聃的后世子孙在鲁国为卿，食采于段，其后人以段为姓。

樵夫刻注

# 富

富姓

周朝大夫富辰 子孙以富为姓 又 春秋时鲁国有富父氏 后人也姓富

樵夫刻注

# 巫

巫姓

据百姓考略记载商朝有大臣巫咸子孙以巫为姓

桓夫刻注

# 乌

乌姓

上古少昊氏以鳥名任命官职 有掌管高山丘陵的乌鳥氏 后人以乌为姓

桓夫刻注

# 焦

焦姓

西周初 周武王封神农氏的子孙于焦 建立焦国 后人以焦为姓

椎夫刻注

# 巴

巴姓

周朝时四川东部地区

有巴子国 子爵 巴子国的

国君后代 以巴为姓

桂夫刻注

# 弓

弓姓

据姓氏考略记载 上古时有制造弓弩的官名叫弓正 其子孙以弓爲姓

樵夫刻注

# 牧

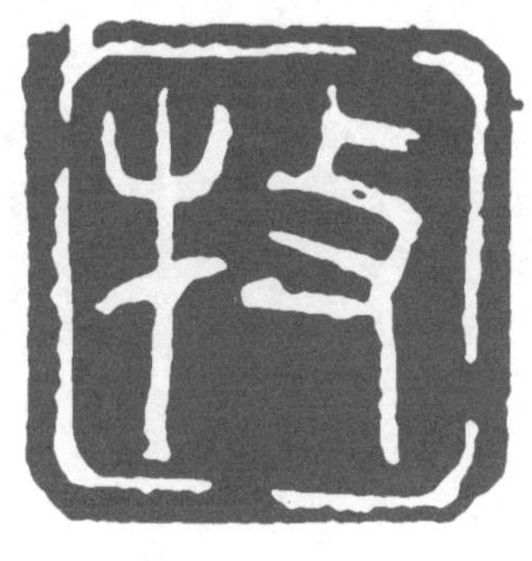

## 牧姓

牧氏黄帝相力牧之后此说法亦见百家姓考略这是牧姓之始

相夫刻注

# 隗

隗姓

据百家姓考略所记 商汤灭夏桀之后 封夏桀后人于隗 建立隗国 其后人以隗为姓

相夫刻注

# 山

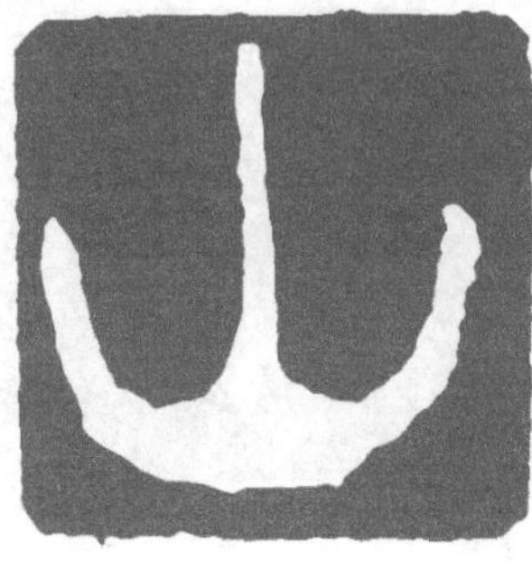

## 山姓

据广韵所记 周朝置有掌管山林之官 其后人以山为姓

稚夫刻注

# 谷

谷姓

据通志·氏族略所记 周朝封嬴姓伯爵于秦谷 其伯人遂以谷为姓

樵夫刻注

# 车

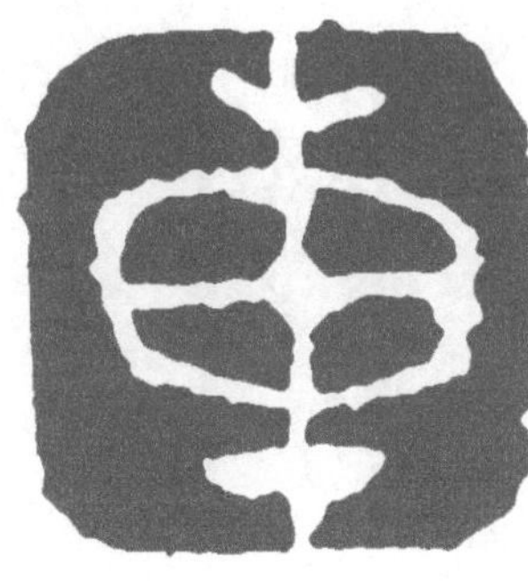

车姓

黄帝时有大臣名叫车区为车姓的始祖 又 春秋时 秦国公有子车仲行 其后人以车为姓

桓夫刻注

# 侯

侯姓

西周初封夏侯氏后裔于侯，建立侯国，其子孙以侯为姓。

相夫刻注

# 宓

宓姓

宓出自太昊氏 上古時伏羲亦作宓羲 伏與宓音同 宓姓乃伏羲氏之后代

樵夫刻注

## 蓬

蓬姓

西周初封君主的支庶子孙于蓬州 其后代以蓬为姓

相夫刻注

# 全

全姓

西周設置有官泉府掌管錢財　泉与全音同遂改為全姓

樵夫刻注

# 郗

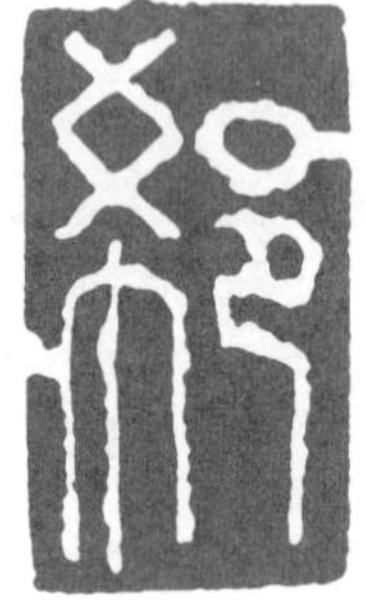

## 郗姓

西周时 周武王封少昊代的后裔于郗 其子孙以郗为姓

椎夫刻注

## 班

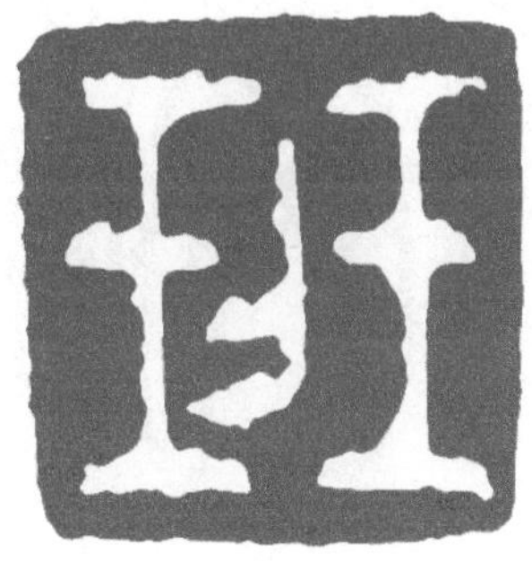

班姓

楚令尹子文小时被弃之野外，吃虎乳长大，因虎有斑纹，其后人以斑为姓，后又改为班姓。

桓夫刻注

# 仰

仰姓

据姓氏春秋所记虞舜帝时代有一位大臣名叫仰延　其后人以仰为姓

桓夫刻注

秋

秋姓

春秋鲁国大夫孙湫其裔孙名胡 在称湫胡 其后代子孙去掉湫的水旁 以秋为姓

樵夫刻注

# 仲

仲姓

黄帝后裔高辛氏有两个叫仲堪仲熊的人其后代以仲为姓

樵夫刻注

# 伊

伊姓

帝尧生于伊水姓伊祁氏 后人以伊为姓

植夫刻注

# 宫

## 宫姓

西周时朝廷专管宫廷修膳清理环境的职务名为宫人，其后代以宫为姓。

植夫刻注

宁

宁姓

春秋时 秦襄公的孙子谥号宁 称宁公 其后代以宁姓 又一说 卫成公的儿子季亹受封于宁邑 后世以宁为姓

桓夫刻注

# 仇

仇姓

夏代有诸侯九吾氏商代建九国 商末被纣王所杀 其族人改九为仇 以为姓

樵夫刻注

# 栾

栾姓

据世本记载　春秋时
晋靖侯的孙子宾　受封于
栾邑　其后代以栾为姓

相夫刻注

# 暴

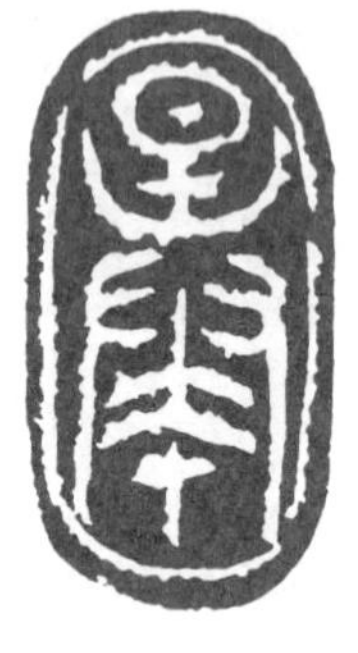

暴姓

商朝时有暴国为公爵
到周朝仍为诸侯国后并
入郑国 后人以暴为姓

相夫刻注

# 甘

甘姓

据氏族略记载　夏朝有甘国　其国君家族以国名甘为姓

樵夫刻注

钭

钭姓

战国时田和篡齐，齐康公被迫迁于海上，以酒器钭来烹煮食物，其后人遂以钭为姓

相夫刻注

# 厉

厉姓

西周时齐国君主姜无忌去世谥号厉称厉公支庶子孙遂以厉为姓

桓夫刻注

# 戎

戎姓

据百家姓考略记载周朝时有戎国为齐国的附庸其公族以戎为姓

桂夫刻注

祖

祖姓

商汤的子孙有祖甲、祖乙、祖己、祖丁，都先后为商王，他们的子孙以祖为姓。

祖夫刻注

# 武姓

周平王的小儿子 生下来手上有武字手纹 遂赐姓武 又一说 春秋时 宋武公的后代以其谥号为姓

樵夫刻注

# 符

符姓

据元和姓纂记载 鲁倾公的孙子雅 在秦国任符玺令 其子孙以符为姓

相夫刻注

# 刘

刘姓

据通志·氏族略记载 帝尧陶唐氏的后人有的被封于刘地 其后人以刘为姓 又周匡王小儿子季夏封于刘邑 后代也姓刘 再 刘姓出自祁 其后生子有纹在手曰刘累 此得姓之始

植夫刘注

## 景

景姓

春秋时 楚国有大夫景差 后人皆姓景 又战国时 齐景公的后人以景为姓

桓夫刻注

詹姓

据姓苑所记　周宣王封其庶子于詹　建詹国后人以此为姓

相夫刻注

# 束

束姓

束姓出自田姓，战国时齐国有疏族，其后人去掉足旁以束为姓

根夫刻注

# 龙

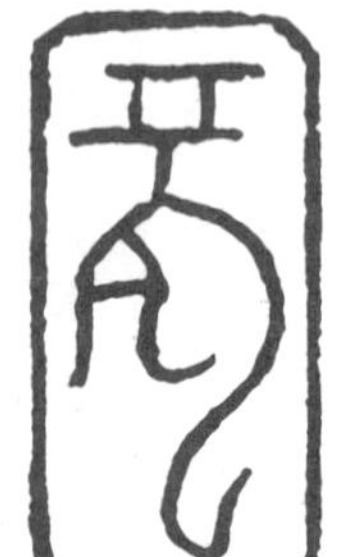

龙姓

黄帝裔孙董父好畜龙，赐为豢龙氏，其后人遂以龙为姓。

相夫刻注

# 叶

叶姓

春秋时楚、陆之裔孙沈诸梁封于叶，建叶国，赐公爵，世称叶公，子孙姓叶。

樵夫剑注

# 幸

幸姓

古代君王身边有幸臣其子孙引以为荣遂以此为姓

植夫刻注

# 司

司姓

据百家姓考略所记郑国有大夫名司臣 其子孙皆姓司姓

相夫刻注

# 韶

韶姓

帝尧时有乐官作曲名韶，时称韶乐。乐官的子孙以祖上创作的乐曲名韶为姓。

雄夫刻注

# 郜

郜姓
据氏族略记周文王
的一个儿子封于郜其
后人以郜为姓
桓夫刻注

# 黎

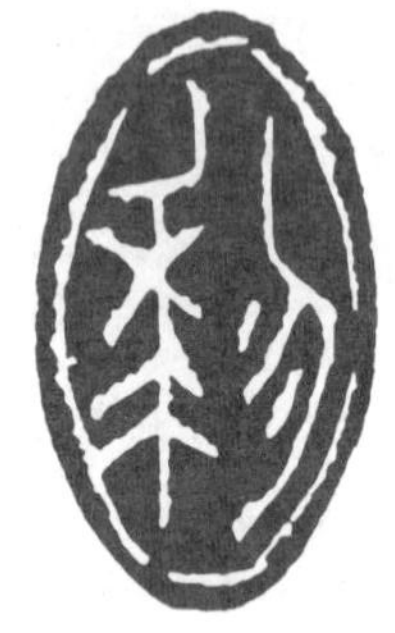

黎姓

据元和姓纂记载 黄帝后裔颛顼的孙子封于黎阳 建立黎国 其子孙以黎为姓

桓夫刻注

**蓟**

蓟姓

西周初周武王封黄帝的后人于蓟，建立了蓟国。其后人以蓟为姓。

桓夫刻注

# 薄

薄姓

薄姓出自古薄姑氏又一说春秋时宋国有一大夫受封于薄其子孙遂以薄为姓

相夫刻注

# 印

## 印姓

郑穆公的儿子姬睔字子印　其子孙在郑国做大夫　子孙遂以祖上的字印为姓

植夫刻注

# 宿

宿姓

西周初周武王封伏羲氏的后人于宿建宿国其后世子孙以宿为姓

想夫刻注

# 白

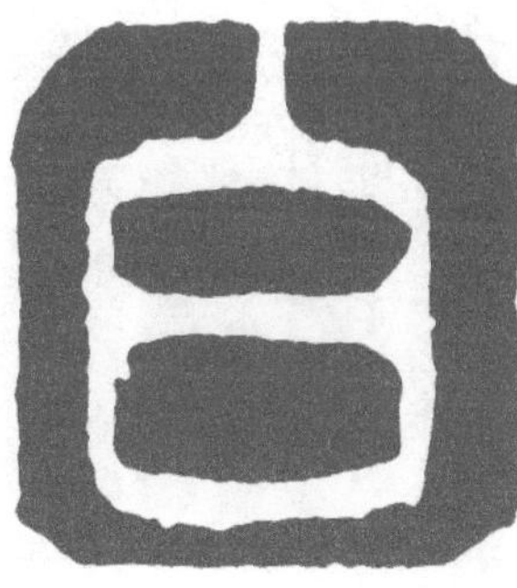

白姓

秦武公的儿子叫公子白 子孙以白为姓 又 秦国名臣百里奚有一儿子叫白乙丙 其后人也以白为姓

桓夫刻注

# 怀

怀姓

春秋时宋国微子启的后代皆姓怀。又周武王封其弟叔虞于怀，其后人一支也姓怀。

桓夫刻注

# 蒲

蒲姓

据百家姓考略所记，夏代封舜帝的后裔于蒲坂，其子孙以蒲为姓。

相夫刻注

# 郜

郜姓

据百家姓考略记载帝尧封后稷于郜，其子孙以郜为姓

相夫刻注

# 从

从姓

周平王封少子精英于枞 称枞侯 其后人改枞为从 以从姓

桓夫刻注

鄂姓

春秋时，晋哀侯光居于鄂，子孙以鄂为姓。又一说，楚王子封于鄂，其子孙也姓鄂。

相夫刻注

# 索

## 索姓

索姓出自子姓，是商汤王的后裔。西周初，周武王把殷商七族中的索氏迁往鲁国定居，其后人皆姓索。

相夫刻注

# 咸

## 咸姓

据姓苑所记 商朝时有掌卜祝巫事大臣称巫咸 其后代以咸为姓

植夫刻注

# 籍

籍姓

春秋时晋大夫荀林父之孙贾青管理典籍文献其后代以籍为姓

桓夫刻注

# 赖

## 賴姓

据风俗通所记 西周时 周武王封炎帝后裔于赖 建立赖国 其后人以赖为姓

柏夫刻注

# 卓

卓姓

据战国策所记 春秋时楚庄王有个公子叫卓其 后代以卓为姓

植夫刻注

# 蔺

蔺姓

春秋时晋献公的少子封于韩建韩国 传至朝厥其玄孙名康 仕于赵国受封于蔺 子孙遂以此姓

相夫刻注

# 屠

屠姓

商王后裔封于弦建立弦国 其后人去邑为屠 以屠为姓

相夫刻注

蒙

蒙姓

据元和姓纂所记 夏朝初封颛顼之后人于蒙双 共十孙遂以蒙为姓

樵夫刻注

# 池

池姓

战国时秦王族公子池其子孙以池为姓又春秋时城墙外的护城河称池居于池畔的人家以池为姓

桓夫刻注

# 乔

乔姓

黄帝逝去葬于桥山守陵人以桥为姓 后简化为乔姓

祖夫刻注

# 阴

阴姓

管仲的裔孙名修，仕于楚国，封为阴大夫，子孙以阴为姓。

栩夫刻注

# 郁

郁姓

古有郁国为吴大夫封地 其公族以郁为姓

柏夫剑注

# 胥

胥姓

据通志·氏族略所记春秋时晋国大夫胥臣 他的后代以胥为姓

桓夫刻注

# 能

## 能姓

能姓出自熊姓 西周时国成王有大臣熊绎 因功受封其十熊挚被封于夔 后被灭国人为避难 改熊为能姓

樵夫刻注

# 苍

苍姓

黄帝之孙颛顼有八子帮助帝尧治国 长子名苍舒 其子孙以苍为姓

相夫刻注

# 双

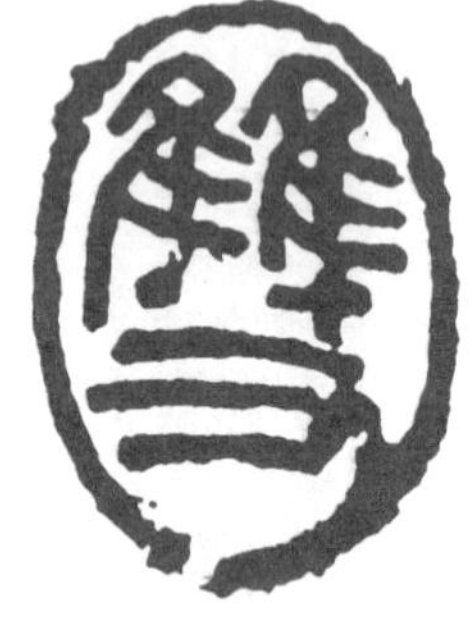

双姓

据百家姓考略记载 颛顼帝的裔孙爰封于双蒙城 其子孙后代以双为姓

桓夫刻注

# 闻

闻姓

闻姓出自复姓闻人氏 春秋时 鲁国少正卯很有学问 与孔子主张相左 孔子任大司寇时杀了少正卯 因少正卯是名人 后代以闻人二字为姓 后一部分人干脆以闻为姓 相夫刻注

# 莘

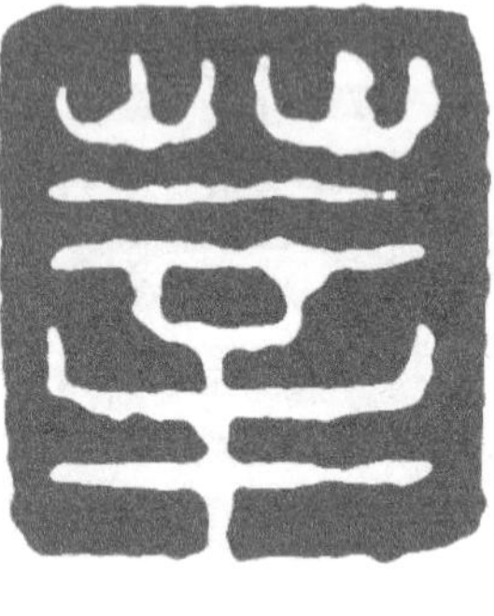

## 莘姓

据百家姓考略所记 夏王启封帝喾高辛氏之子挚于莘地 其子孙以莘为姓

桓夫刻注

# 党

党姓

据百家姓考略记载党
姓出自夏后氏 夏禹后有居
党项 遂以党姓

桓夫刻注

翟

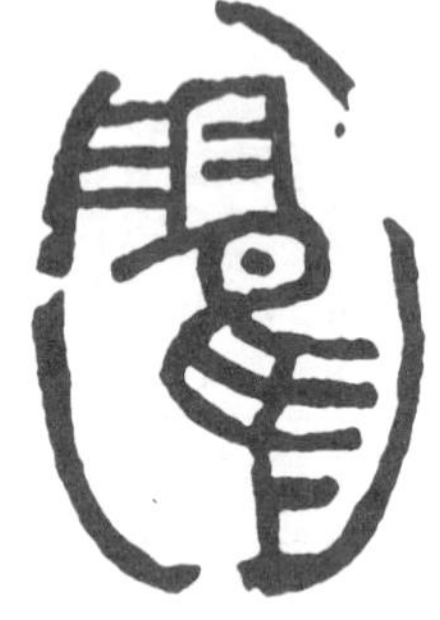

翟姓

据百家姓考略记载黄帝后裔居于翟地遂以翟为姓

樵夫刻注

# 谭

谭姓

据姓谱记载周朝封颛顼后人于谭建立谭国后世子孙以谭为姓

桓夫刻注

# 贡

貢姓

春秋时孔子的弟子子貢的后人有一部分子孙以貢为姓

相夫刻注

# 劳

劳姓

山东青岛之东有崂山 古称劳山 西汉初 劳山人始与内地相通 汉王朝便赐劳山之民姓劳

桓夫刻注

# 逢

逢姓

炎帝裔孙名叫陵 商朝时受封于逢 世称逢伯陵 后人以逢为姓

根夫刻注

# 姬

## 姬姓

据帝王世纪等书记载 黄帝出生于姬水 遂以姬为姓 周朝王族是黄帝后裔 是姬姓之始

桓夫刻注

# 申

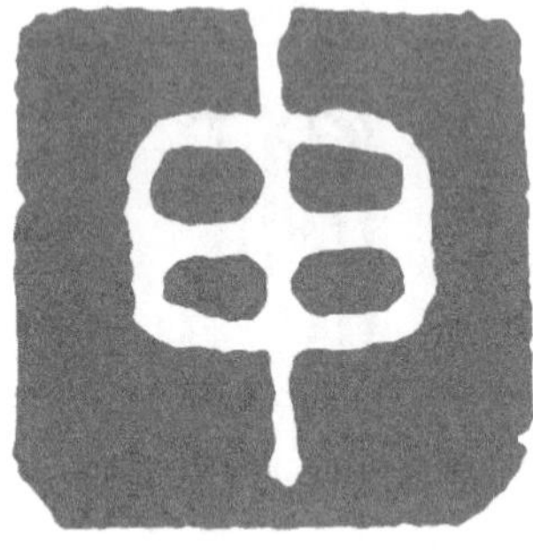

申姓

炎帝后裔有人受封于申地建申国去称申伯侯其后人以申为姓

桓夫刻注

# 扶

扶姓

据路史所记 夏禹王时
有臣扶登氏 其子孙遂以
扶为姓

相夫刻注

## 堵

堵姓

据百家姓考略等书记载 春秋时 郑国大夫泄寇被封于堵邑 世称泄堵寇 其后人以堵为姓

桂夫刻注

# 冉

冉姓

据百家姓考略记载 西周初周文王少子季载受封于聃称聃季载 其后代去掉耳旁以冉为姓

相夫刻注

# 宰

宰姓

据百家姓考略记载 宰姓出自姬姓 周朝大夫宰孔其后人以宰为姓

桓夫刻注

# 郦

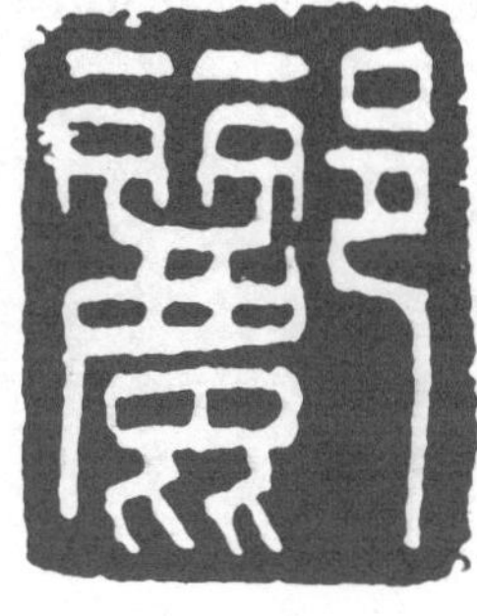

郦姓

夏禹王封黄帝后人于郦邑 建立郦国 其后代子孙以郦为姓

桓夫刻注

# 雍

雍姓

西周初 周文王十子被封于雍 称雍伯 其后人以雍为姓

桂夫训注

# 烏

烏姓

春秋时，晋国公族叔虎在征战中立功，被封于烏邑，建烏国，子爵。后人遂以烏为姓。

根夫刻注

# 璩

## 璩姓

据姓氏考略记载，璩与鐻相通，是指金银制作的耳环。最早做耳环的人的子孙后代以璩为姓。

桓夫刻注

# 桑

## 桑姓

据通志·氏族略所记 春秋时
秦国公族公孙枝 字子桑 其、
后世子孙以桑为姓

相夫刻注

# 桂

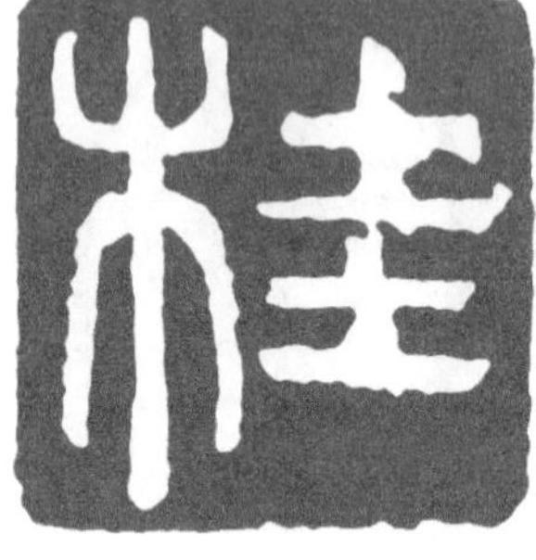

## 桂姓

周朝王族后裔姬季桢在秦国任博士，焚书坑儒时被杀。其弟季眭的眭音同桂，为避祸，以桂为子孙姓。

相夫刻注

# 濮

濮姓

虞舜的子孙封于濮地其后人以濮为姓又春秋时卫国有一位大夫受封于濮地子孙也以濮为姓

相夫刻注

牛

牛姓

商汤后人宋微子的裔孙叫牛父，在宋国为官，为宋而献身，子孙便以牛为姓。

栩夫刻注

## 寿

寿姓

春秋时有吴王寿梦

其子孙以寿为姓

樵夫刻注

# 通

通姓

春秋时巴国有大夫封于通川其子孙以通为姓

相夫刻注

# 边

边姓

据元和姓纂所记商代时有边国伯爵称边伯后人以边为姓

樵夫刻注

# 扈

扈姓

据百家姓考略记载夏朝时有扈国 其公族以扈为姓

植夫刻注

**燕**

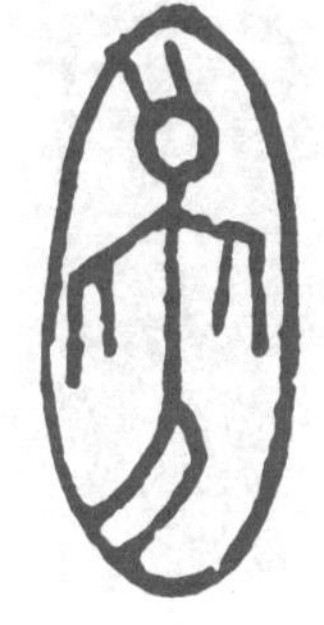

燕姓

商朝封黄帝后裔伯倏于燕，后人以燕为姓。又周武王封召公姬奭于燕建国，其子孙以燕为姓。

桓夫刻注

冀

冀姓

春秋时晋国大夫冀芮

受封于冀，后人以冀为姓

祖夫刻注

# 郏

郏姓

据元和姓纂所记 周朝王族伯商有的定居于郏鄏 遂以郏为姓

稚夫刻注

浦

浦姓

据百家姓考略记载 姜太公的后裔晋国大夫浦跞 其后人以浦为姓

根夫刻注

# 尚

尚姓

姜太公名尚在周朝称太师尚父后世子孙以他的名字尚为姓

相夫刻注

农姓

西周初封神农氏后裔任农正官，管理农业生产，其后人遂以农为姓

桓夫刻注

# 温

温姓

西周初 周武王封其子叔虞于唐 其后人有一支封于温地 这一支以温为姓

椎夫制注

# 别

## 别姓

古诸侯卿大夫的长子 嫡为宗子 他的次子为嫡子小宗 小宗之次子为别子 别子因不能继祖父姓 就以别来为姓

祖夫 剑注

# 庄

庄姓

据姓氏考略记载 春秋时楚庄王的支庶子孙以祖上谥号为姓

相夫刻注

# 晏

晏姓

晏姓出自陸終氏，為晏安的後代，其后人以晏為姓。

相夫刻注

# 柴

柴姓

西周初姜太公受封于齐，其后世子孙高柴的孙子以祖父的字为姓，后世遂以柴为姓。

樵夫刻注

瞿姓

据百家姓考略记 商朝有个大夫受封于瞿上 后瞿父 子孙遂以瞿为姓

桓夫刻注

# 阎

阎姓

西周初，周武王封大伯曾孙仲奕于阎乡，仲奕的后代遂以此为姓。

樵夫刻注

充

充姓

据姓谱所记 周朝有充人一职 是管饲养祭祀的官 其后代以充为姓

樵夫刻注

慕

慕姓

据路史所记帝喾的后裔有慕容氏慕容氏的后代有以慕为姓的

樵夫刻注

**连**

连姓

据姓氏考略记 颛顼曾孙陆终之儿名惠连 其后代以连为姓

相夫刻注

# 茹

## 茹姓

茹姓出自如姓 汉代有人名如淳 其后人加草头成茹 遂以此为姓

相夫刻注

# 习

习姓

据风俗通所记 古代有习国 习国灭亡后 其公族以习为姓

柤夫刻注

# 宦姓

宦姓当取意于仕宦不以阉宦为姓 今有的县有此姓 据此可知 宦姓出自宦官的后代

相夫刻注

艾

# 艾姓

艾姓为夏少康臣汝艾之后据此可知夏朝少康系时有一位大臣汝艾其子孙以艾為姓

樵夫刻注

# 鱼

魚姓

此姓系出子姓 宋司馬子魚之后 以父王字为姓 这是鱼姓开始

椎夫刻注

# 容

容姓

据氏族略所记 虞舜的后裔有个名叫仲容的子孙 以容为姓

桂夫刻注

# 向

向姓

据姓氏考略记载 春秋

时 宋桓公有子字向父 其、

后代以向为姓

樵夫刻注

# 古

古姓

据《风俗通》所记 周朝周太王古公亶父的后人以古为姓

樵夫刻注

# 易

易姓

据姓氏考略所记春秋时齐桓公有宠臣雍巫字易牙此人精于烹饪其后人以易为姓

椎夫刻注

# 慎

慎姓

据百姓考略记载 春秋时楚国白公胜的后人封于慎邑 其子孙遂以慎为姓

桂夫刻注

## 戈

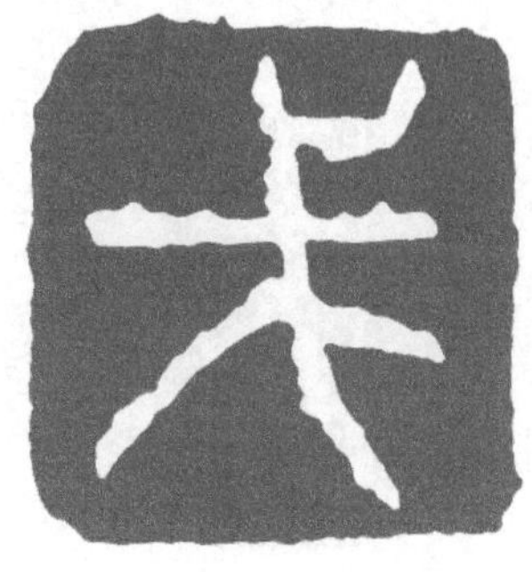

戈姓

据姓谱记载 夏朝时封同姓人于戈 其后人遂以戈为姓

相夫刻注

# 廖

廖姓

据百姓考略记 商朝时封黄帝的后人叔安于廖 其子孙遂以廖为姓

相夫刻注

# 庾

## 庾姓

据元和姓纂记载 周朝时置有庾廪之官 即保管粮食之官 其子孙以庾为姓

桂夫刻注

终姓

据元和姓纂等书记载颛顼的裔孙陆终的后人以终为姓

相夫刻注

# 暨

暨姓

颛顼的后裔陆终有一儿子名篯 受封于大彭 为大彭氏 其后人有的受封于诸暨 有的姓诸 有的姓暨

想夫刻注

# 居

居姓

据百家姓考略记载晋国大夫先且居的后人有以居为姓的

桓夫刻注

# 衡

## 衡姓

商汤的丞相伊尹在商朝建立后被尊称为阿衡，他的后人有以衡为姓的。

桓夫刻注

# 步

步姓

据百家姓纂记载 晋国大夫鳥步扬的后人有的以步为姓

椎夫刻注

# 都

都姓

春秋时郑国大夫公孙阏字子都是美男子又是勇士很有名其后人有以都为姓的

相夫刻注

# 耿

耿姓

商代时有耿国　周朝封同姓人于耿　耿为诸侯国武之后共公族　以耿为姓

椎夫刻注

# 满

满姓

据姓氏考略所记，帝舜的后人有的的裔孙胡公满的后人，有的以满为姓

柏夫刻注

# 弘

弘姓

据风俗通记载 春秋时卫国有大夫名弘演 其子孙以弘为姓

祖夫刻注

# 匡

匡姓

春秋时鲁国的句须任匡邑宰其子孙遂以匡为姓

桓夫刻注

# 国

国姓

春秋时郑穆公的儿子公子发字子国其后世子孙有的以祖上之字国为姓

祖夫刻注

# 文

文姓

据风俗通所记 周文王的支庶子孙有的以祖上的谥号文为姓

桓夫刻注

# 寇

寇姓

周文王的儿子康叔在周朝为司寇 其后世支庶子孙 有的以寇为姓

相夫刻注

# 广

广姓

据姓谱所记，黄帝时有人名广成子，隐居山中，其后人有的以广为姓。

相夫刻注

# 禄

禄姓

据百家姓考略记载殷纣王的儿子武庚字禄父其后人以禄为姓

樵夫刻注

# 阚

阚姓

春秋时齐国大夫止封于阚 称阚止 其后人以阚为姓

相夫刻注

## 东

东姓

帝舜有七个好友
其中一个名东不訾他
的后人以东为姓

樵夫刻注

# 欧

欧姓

欧姓为欧冶子的后人，是春秋时越国的铸剑高手，为越王勾践造过名剑，他的后人遂以欧为姓。

樵夫刻注

# 殳

殳姓

据百家姓考略记载

帝舜时有大臣殳斨

其子孙以殳为姓

相夫训注

# 沃

沃姓

据百家姓考略所记

商王沃丁的子孙以沃为姓

想夫刻注

# 利

利姓

皋陶的后裔有个理利贞因逃避纣王追害曾避李子树下食李充饥遂改名李利贞其后人有姓李的也有姓理的还有姓利的

相夫刻注

# 蔚

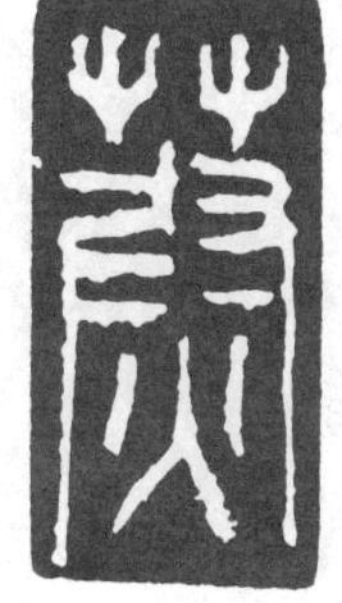

蔚姓

周代郑国公子翩受封于蔚邑 世孙蔚翩 其后世子孙遂以祖上封邑蔚来为姓

祖夫刻注

# 越

越姓

夏禹王后裔 夏王少康之子无余 受封于会稽 建立越国 国灭后 其公族子孙遂以越为姓

樵夫刻注

# 夔

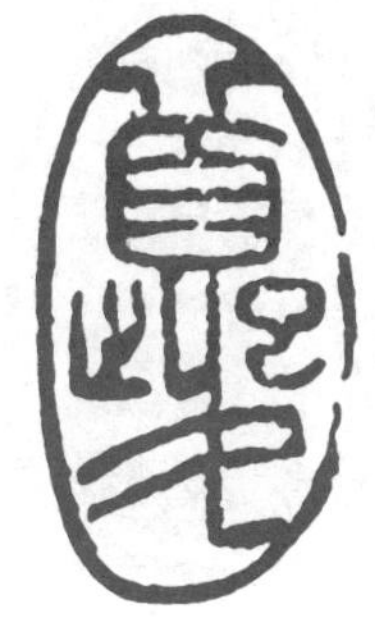

夔姓

春秋时 楚国国君的六世孙熊挚受封于夔城 建立夔国 国灭后 其后世子孙以夔为姓

相夫刻注

隆

隆姓

春秋时鲁国有一地名叫隆邑，居住在此地或受封于此地的人，以此为姓

樵夫刻注

# 师

## 师姓

夏商周时代 掌管音乐歌咏的官名师 如上古有师延 师涓 周朝有师尹 这些乐官的后代以师为姓

樵夫刻注

# 巩

巩姓

周朝周敬王时有一个门族卿士简公封于巩 称巩简公 其后人以巩为姓

樵夫刻注

## 库

### 库姓

据风俗通所记 古守库大夫 因官名氏 据此所知 库shè及库kù之俗音 又同守库即守库 其后人以库为姓

桓夫刻注

# 聂

聂姓

春秋时齐丁公封支庶子孙于聂城，其子孙以封地聂为姓

祖夫刻注

# 晁

晁姓

周景王的小儿子名朝 景王死后争夺王位失败逃往楚国子孙以朝为姓 因朝与晁同音 后来又改姓晁

相夫刻注

# 勾

勾姓

据百家姓考略所记远古时有勾芒氏 其后人改为单姓 姓勾

相夫刻注

# 敖

敖姓

据风俗通所记 古帝颛顼的老师太敖 子孙以敖为姓

樵夫刻注

融姓

古帝颛顼的后裔有祝融氏 其后人有的姓祝 有的姓融

相夫刻注

冷

冷姓

黄帝时有管音乐的官叫伶伦 因伶与冷同音 其后人遂以冷为姓

桓夫刻注

# 訾

訾姓

据百家姓考略记载帝喾的一个儿子是訾陬氏人訾陬氏的后代以訾为姓

相夫刻注

## 辛

辛姓

夏禹的儿子启建立夏朝，封其十庶子于莘，莘与辛音相近，其后人遂以辛为姓

相夫刻注

# 阙

阙姓

春秋时鲁国有阙党邑有封于此地的人之后代则以阙为姓

根夫刻注

# 那

## 那姓

春秋时有权国　楚武王灭权国　将权国迁往那处　其后人遂以那为姓

椎夫训注

# 简

简姓

春秋时晋国大夫狐鞠居受封于续 死后谥号简 称续简伯 其后人以简为姓

相夫刻注

# 饶

饶姓

据史记·赵世家记载赵
悼襄王六年封长安君于
饶 其子孙遂以饶为姓

桓夫刻注

# 空

## 空姓

空姓出自空侯姓 又商代始祖契的后代受封于空桐 遂姓空桐 后改为单姓空

祖夫刻注

# 曾

曾姓

夏少康帝封儿子曲烈于鄫 后人以鄫为姓 后去掉右耳旁 为曾姓

桓夫刻注

# 毋

## 毋姓

齐宣王封弟于毋邱以此延续对其先祖胡公满的祭祀 以此后代分为三姓 一支姓胡毋 一支姓毋邱 一支姓毋

相夫刻注

# 沙

沙姓

据姓苑所记 炎帝有大臣夙沙氏 其后人以沙为姓

桓夫刻注

# 乜

乜姓

春秋时魏国大夫食采于乜城 其后人以乜为姓

桓夫刻注

养

## 养姓

春秋时吴国公子掩余烛庸逃到楚国 楚王让他们在养邑居住 其后代子孙以地名养为姓

樵夫刻注

# 鞠

## 鞠姓

据元和姓纂记载 后稷的孙子名鞠陶 其后世子孙以其名鞠为姓

桓夫刻注

须

# 须姓

据风俗通记载 春秋时有须句国 其公族称须句氏 后改为须姓

椎夫刻注

# 丰

丰姓

据氏族略所记 春秋时 郑穆公的儿子名丰 其子孙以丰為姓

桓夫刻注

# 巢

巢姓

上古有先民居山中

以树为巢称有巢氏

夏为封有巢氏后建国

其国人以巢为姓

樵夫刻注

# 关

关姓

夏朝时有个贤臣叫
关龙逢敢直谏触怒夏
桀而被杀他的后代以关
为姓

樵夫刻注

# 蒯

蒯姓

春秋时卫庄公名蒯聩 其后世子孙遂以蒯为姓

相夫刻注

# 相

相姓

夏王有帝相，定都于相里，其居者子孙以相为姓。又商王河亶甲居相，其居人也以相为姓。

相夫刻注

查

查姓

春秋时，齐顷公封其子于楂，后世子孙先以楂为姓，后去掉木旁而以查为姓

根夫刻注

# 后

后姓

据姓氏考略记载

後姓出自太昊氏的裔

孙後照 其后人以後为

姓

桓夫刻注

# 荆

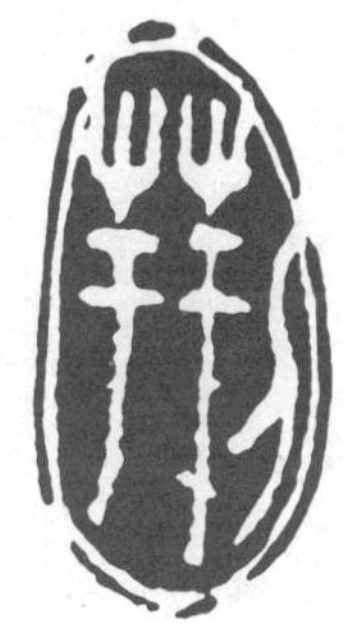

荆姓

西周初楚国先君熊绎被封于荆，国号荆，其后人以荆为姓。

祖夫刻注

# 红

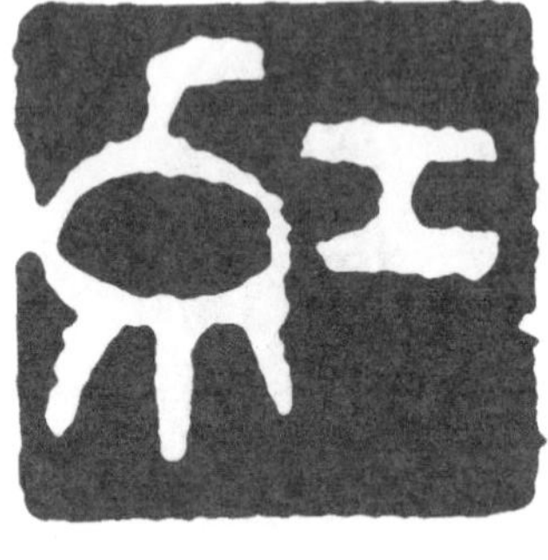

## 红姓

春秋时楚国公族熊挚字红受封为鄂王　其支庶子孙以祖上的字红为姓　又汉高祖后人刘交之子刘富被封为休侯后又封于红　其子孙也以红为姓

柏夫新注

# 游

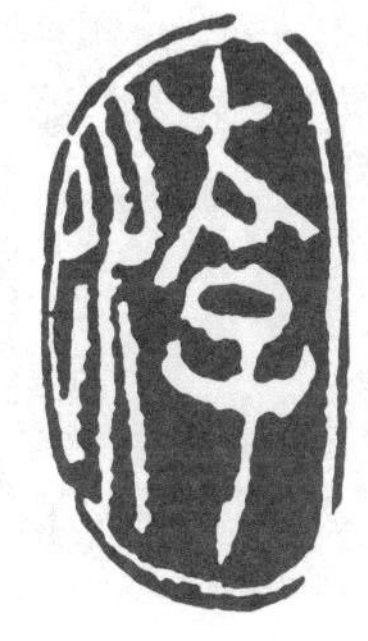

游姓

春秋时郑穆公之子名偃字子游其孙以祖上的字游为姓

樵夫刻注

竺

竺姓

春秋时 孤竹国国君之子伯夷叔齐的后人以國名竹為姓 到汉代 后人竹晏改竹為竺

相夫刻注

# 权

## 权姓

商代武丁的后裔封于权建立权国 权国灭后 其公族子孙以权为姓

相夫刻注

# 逯

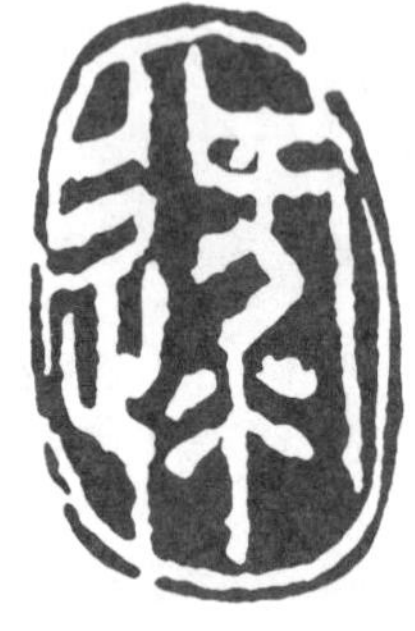

逯姓

据百家姓考略记载春
秋时秦国公族大夫封于
逯其后人以逯为姓

桓夫刻注

# 盖

蓋姓

据百家姓考略所记 春秋时齐国大夫受封于蓋邑 其后人以蓋为姓

椎夫刻注

# 益

益姓

帝舜的大臣皋陶之子伯益的子孙以益为姓

相夫刻注

# 桓

桓姓

黄帝时有大臣名桓常后人以桓为姓 又 春秋时宋国国君谥号桓 称宋桓公其后人以祖上谥号桓为姓

桓夫刻注

# 公

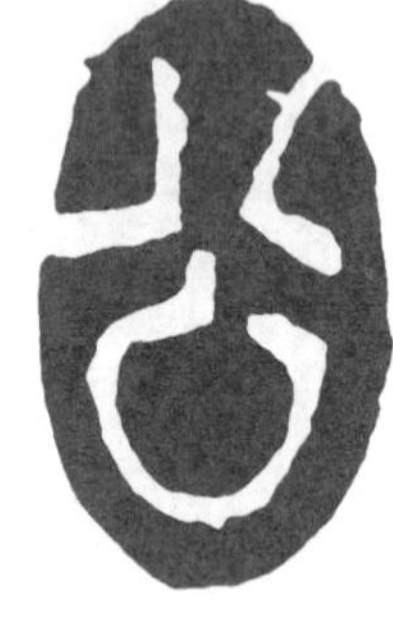

公姓

春秋时鲁昭公的儿子一个叫衍一个叫为，都封为公爵，世称公衍公为，他们的后代以公为姓

樵夫刻注

万俟

万俟姓

鲜卑族的万俟部落随拓拔氏进入中原，创立北魏朝。北魏献文帝赐其弟弟的后人姓万俟。

桃夫刻注

# 司马

司馬姓

周宣王时程伯休父

親官至司馬其后人遂

以司馬為姓

相夫刻注

# 上官

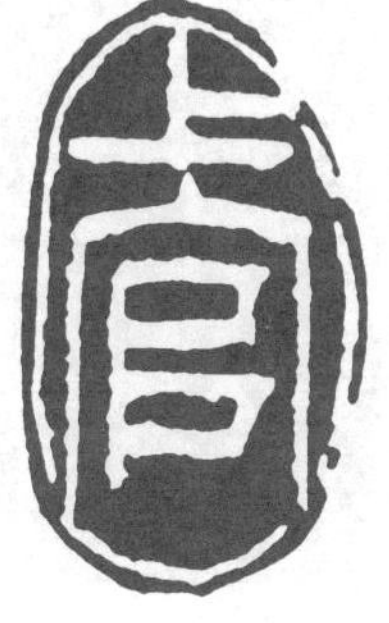

## 上官姓

楚庄王的小儿子子兰官至上官大夫 其后人遂以上官为姓

根夫刻注

欧陽姓

越王无疆之子名蹄
受楚王之封于乌程余山
之南 山南为阳 古称欧陽
亭侯 子孙以欧阳为姓

樵夫刻记

# 夏侯

夏侯姓

古有杞国乃夏禹王后代夏侯氏所建后被楚灭杞简公之弟佗逃到鲁国爰封为侯爵古称夏侯子孙以夏侯为姓

祖夫刻注

## 诸葛

诸葛姓

古有葛国 国灭后其一支迁往诸城 其后代以国名和地名组合 合成后以诸葛为姓

相夫刻注

# 闻人

闻人姓

鲁国少正卯口才好有学问是闻名人物其后人有姓闻的也有姓闻人的

相夫刻注

# 东方

东方姓

东方姓系出太昊氏伏羲氏的子孙羲仲 古掌东方青阳之令 其子孙遂以东方为姓

桓夫刻注

## 赫连

赫连姓

复姓赫连出自南匈奴部落 东晋时 南匈奴右贤王的后人勃勃 称大夏天王 始改姓赫连

根夫训注

# 皇甫

皇甫姓

春秋宋戴公之子名充石字皇父 其孙以祖父皇父的字为姓 其裔孙皇父鸾 改父为甫 遂有皇甫之姓

相夫刻注

# 尉迟

尉迟姓

鲜卑族拓跋族的后人拓跋珪建立北魏 孝文帝时封门期起兵的尉迟族以族名为姓

樵夫制注

# 公羊

公羊姓

春秋时鲁国有公孙羊孺其子孙以祖父名公羊二字为姓

樵夫刻注

# 澹台

澹台姓

春秋时孔子的弟子灭明居于澹台，遂以澹台为姓，称澹台灭明。

桓夫制注

公冶 姓

据百家姓考略记载 春秋时鲁国有季公冶其子孙以公冶为姓

樵夫刻注

# 宗正

宗正姓

汉高祖后裔楚元王孙刘德曾任宗政官 是掌管皇族事务的官 他的子孙以宗正为姓

相夫刻注

濮阳

濮阳姓

据陈留风俗传和百家姓考略等书记载，春秋时郑国大夫居于濮水之阳，其族遂以濮阳为姓。

植夫刻注

# 淳于

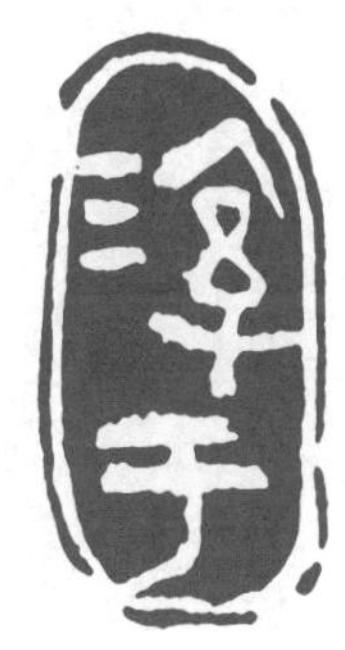

淳于姓

据水经注、尚友录所记 周武王封斟灌于州国 世称州公 后被杞灭 其公族尚于淳于城复国后称淳于国 子孙以淳于为姓

相夫刻注

# 单于

单于姓

早期匈奴最高首领称
撑犁孤涂单于后消亡融
入其他民族的子孙以祖上
王位单于为姓

樵夫制注

# 太叔

太叔姓

据古今姓氏辩证所记春秋时魏文公第三十维仪世称太叔仪其子孙以太叔为姓

相夫刻注

## 申屠

申屠姓

据风俗通所记，帝舜的后裔有申屠氏，其后代以申屠为姓

桓夫刻注

# 公孙

公孙姓

古受封公后 都自称公孙 指此可知古代姓公孙的很多 有的是祖上受封为公爵 有的则是诸侯的后人 都是出自贵族之家

祖夫刻注

仲孙

仲孙姓

鲁桓公的次子庆父排行第二，每称公仲，又因他是鲁国王族后代，所以庆父的子孙称仲孙氏。从此这族人就以仲孙为姓。

桓夫刻注

轩辕

轩辕 姓

据元和姓纂等书记载 黄帝又号轩辕氏 其后人有一支以轩辕为姓

樵夫刻注

令狐姓

周文王之子毕公高有孙毕万 春秋时任晋国大夫 他的曾孙是一员猛将 屡立战功 受封于狐邑 其后人以令狐为姓

相夫刻注

# 钟离

钟离姓

春秋时宋国公族后裔宋伯在晋国为官后被郤氏所杀 其子州犁逃到楚国定居于钟离 其后人以此姓

樵夫刻注

# 宇文

## 宇文姓

复姓宇文出自鲜卑族 首领称大人 到晋回袭任大人时 在打猎时得一块玉玺 认为天命所授 鲜卑族称天子为宇文 遂以宇文为姓

樵夫刻注

# 长孙

长孙姓

北魏道武帝拓跋珪因沙莫雄是其曾祖父的长子故赐沙莫雄的儿子嵩为长孙氏 以此其子孙遂以长孙为姓

桓夫剑注

# 慕容

慕容姓

三国时鲜卑族迁居辽西，自称慕二仪（天地）之德，继三光（日、月、星）之容，从而以慕容为姓。

椎夫刻注

# 鲜于

鲜于姓

西周时周武王封商纣王的叔父于箕子于朝鲜 箕子的支庶子子仲食采于于地 其后人遂以鲜和于组成复姓鲜于

桓夫刻注

# 闾丘

闾丘姓

春秋时有一名大夫名婴在闾丘居住 称闾丘婴 其后人以闾丘为姓

植夫刻注

# 司徒

司徒姓

夏、商、周三朝都设司徒一职，是六卿之一，相当于宰相，担任此官职的后世子孙有的就以司徒为姓

桓夫刻注

# 司空

司空姓

春秋时 晋国设置司空官职的后代 有的就以这个官职为姓

根夫刻注

# 丌官

丌官姓

周代设有掌管笄礼的官职 其后人遂以祖上官称笄官为姓 笄又简化为丌 遂有丌官之姓

相夫刻注

## 司寇

司寇姓

周武王时任苏忿生为司寇，这是掌管司法刑狱的官。其后人遂以祖上官称司寇为姓。

祖夫刻注

# 仇

## 仇姓

仇姓出自虎姓 春秋时 鲁国大夫中有人姓虎 音掌 其后世子孙有一支以音掌为姓 后来又有人改掌为仇

樵夫刻注

# 督

## 督姓

周代宋朝大夫名华督
后人以督为姓 又战国时
燕国有一个地方叫督亢 荆
轲刺秦王时藏匕首的就是
这份图 该地居民以督为姓

樵夫刻注

# 子车

## 子车姓

秦国有一大夫名子车 其族人以子车为姓 秦穆公时有著称三良的子车仲行 子车奄息 子车钳虎 皆为秦穆公陪葬 三良的后人以子车为姓

樵夫刻注

顓孙姓

据尚友录记 春秋时陈国公子颛孙在晋国做官其子孙以此为姓

桓夫刻注

# 端木

端木 姓

据论语等书记载，春秋时孔子的弟子有卫国人端木赐，字子贡。其后人皆姓端木。

根夫刻注

## 巫马

巫马姓

周朝时设有专门养马和医治马病的官职，称巫马，其后人以祖上官职为姓

植夫刻注

# 公西

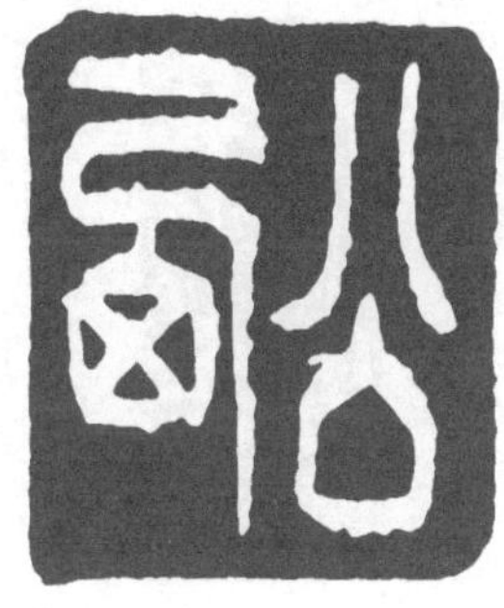

公西姓

春秋時魯國有公族季孫氏一支子孫是以公西為姓孔子弟子就有一個叫公西赤的

植夫刻注

# 漆雕

漆雕姓

鲁国有复姓漆雕的家族

孔子弟子有漆雕开 后人

也有单姓漆的

桓夫刻注

## 乐正

乐正姓

周朝设有乐正官管理音乐工作，其后人以乐正为姓

桓夫刻注

# 壤驷

壤驷姓

春秋时有复姓壤驷的家族　孔子的弟子有壤驷赤

樵夫刻注

# 公良

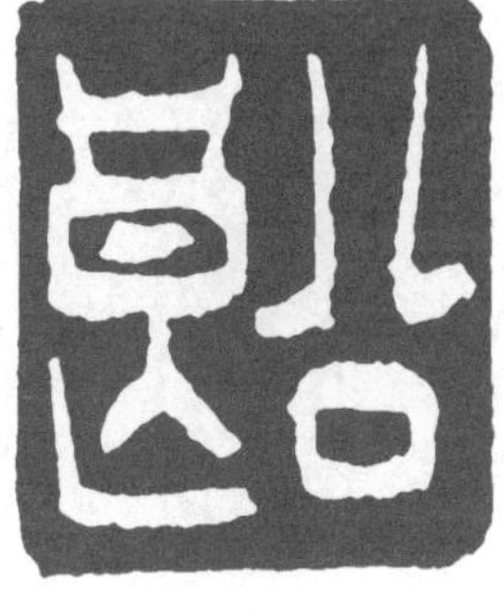

公良姓

周朝时陈国有个名叫良的公子，世称公子良。其子孙以公良为姓。

相夫刻注

# 拓跋

拓跋姓

复姓拓跋出自鲜卑族

拓跋珪于公元三百八十六年建立北魏 到孝文帝时改复姓拓跋为单姓元 他自己改名为元宏

根夫刻注

# 夹谷

夹谷姓

据姓氏考略所记

复姓夹谷出自女真族

栢夫刻注

# 宰父

宰父姓

周朝时设有管理公卿官员升迁考核的官职，称宰夫，因夫与父同音，后转为宰父。其后人以祖上官职宰父为姓

根夫刻注

# 谷梁

谷梁姓

古代称良种谷子为粱 种植谷粱的氏族以谷粱为姓 後来粱字演变为梁字

樵夫制注

# 晋

晋姓

周武王的儿子虞叔受封于唐 虞叔的儿子迁居于晋水 建晋国 称晋侯 后世子孙以晋为姓

楫夫刻注

# 楚

楚姓

周成王封熊绎于楚

后人遂以楚为姓

相夫刻注

闫姓

据姓谱所记 闫姓是阎姓的别支 闫阎二姓同出一源

椎夫刻注

法

法姓

战国时齐襄王名法章 秦灭齐国后 齐国的公族子孙为避祸 遂以祖上名的法字为姓

相夫刻注

# 汝

汝姓

东周初期 周平王

封小儿子于汝 其后

人遂以汝為姓

相夫词侣

# 鄢

鄢姓

古代有鄢国，春秋时被郑国所灭，其公族子孙以鄢为姓

棣夫刻注

# 涂

涂姓

夏朝时有涂山氏 后人有去山字 以涂为姓 又古有涂水 发源安徽东部滁县 古代居住涂水两岸的又以涂为姓

相夫刻注

# 钦

## 钦姓

钦姓起源于吴地据
魏书所记古洛阳乌桓
部落中有钦姓可能起
源于乌桓的山脉。

根夫刻注

段干

# 段干姓

春秋时 哲学家老子李耳的裔孙在魏国为将 他受封于段干 其后人遂以段干为姓

相夫刻注

# 百里

百里

百里姓

春秋时秦国大夫百里奚的后人以百里为姓

相夫刻注

# 东郭

東郭

东郭姓

周朝时城分内外城 外城称为郭 齐国公族大夫住在临淄城东的称为东郭大夫 后又称东郭氏 其后人遂以东郭为姓

相夫刻注

# 南门

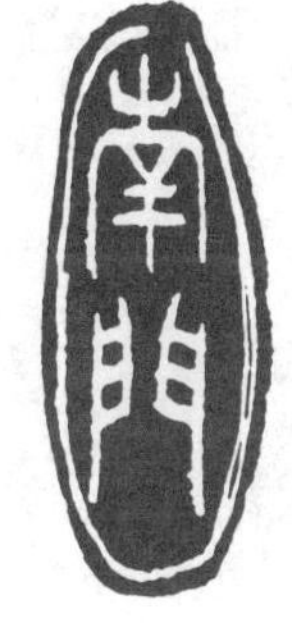

南门姓

古代居住在南郭城门一带居民有的以南门为姓又夏代置有管理南城门的官职其后人也以南门为姓

根夫刻注

# 呼延

呼延姓

古代匈奴人有四豪族称呼衍氏入中原后改为呼延 其后人遂以此为姓

相夫刻注

# 归

## 归姓

春秋时有胡国，其宗族為归姓，后被楚灭，其國君后人有以归为姓。

相夫刻注

# 海

海姓

春秋时魏国有大臣海音　其后人皆姓海

桓夫刻注

# 羊舌

羊舌姓

春秋时晋靖侯的后人封于羊舌邑，其子孙以羊舌为姓

相夫刻注

微生

微生姓

春秋时鲁国有贵族微生氏，其子孙以微生为姓

祖夫刻注

# 岳

岳姓

上古时设有四岳官职其职务是管理山岳的祭祀工作 四岳官的后人以岳为姓

樵夫刻注

# 帅

## 帅姓

古代管理音乐的官员称师。晋国有师旷，鲁国有师乙，其子孙以师为姓，后为避晋景公名字之讳，改为帅姓。

桂夫刻注

# 猴

猴姓

周朝时有大夫封于猴邑其后世子孙遂以猴為姓

桓夫刻注

# 亢

亢姓

亢姓出自伉姓　春秋时卫国大夫三伉后人以亢为姓　又　春秋时有一贵族受封于军事要地亢父　其后人也以亢为姓

想夫刻注

# 况

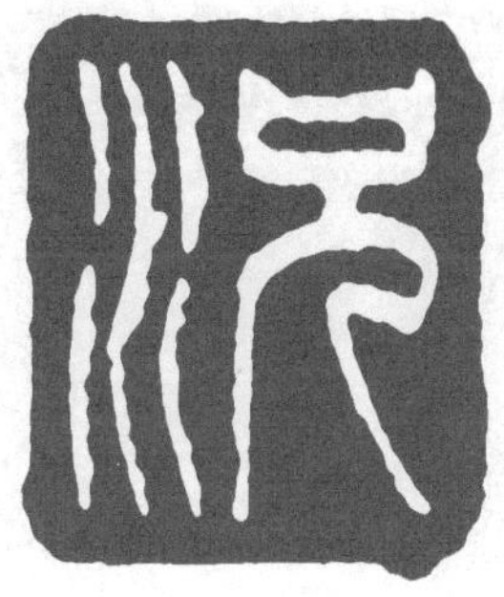

## 况姓

三国时蜀中有一名人叫况長宁 其后人遂以况為姓

相夫刻注

# 后

后姓

春秋时鲁孝公八世孙成叔受封于郈邑，其后人去掉郈字耳旁以后为姓

根夫刻注

有

有姓

远古时为躲避猛兽侵袭，有人开始住树上，称有巢氏，其后人以有为姓。又据论语所记，孔子有弟子名有若，子孙以姓有。

樵夫剑注

琴

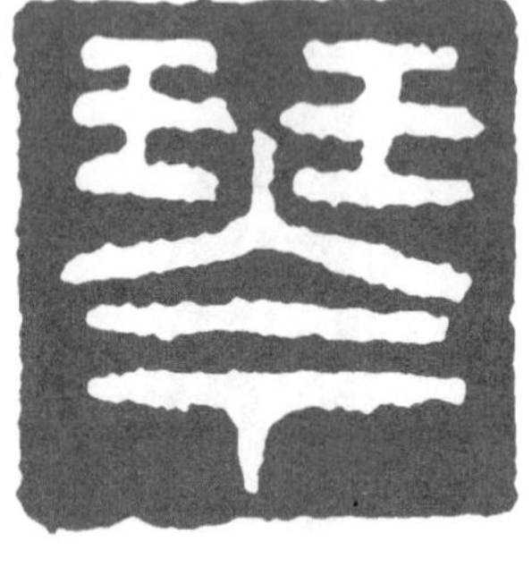

琴姓

周朝时，有人以制琴或弹琴为业，后人以祖上职业琴为姓。春秋时，卫国有人名琴牢，是孔子的弟子，琴牢后人以琴为姓。

相夫刻注

# 梁丘

梁丘姓

春秋时齐国有一大夫受封于梁丘，其后人以梁丘为姓

相夫刻注

左丘姓

春秋时齐国有个地方叫左丘，当时有个叫明的人居住在此地，遂以左丘为姓，称左丘明。其后人皆以左丘为姓。

祖夫刻注

# 东门

東門

东门姓

春秋时鲁国国君庄公的儿子遂字襄仲居住在东门称东门襄仲其后代以东门为姓

桓夫刻注

西门姓

春秋时郑国有个大夫居住在西门 其居者子孙以西门为姓

相夫刻注

# 商

商姓

周朝灭亡商朝，商朝公族子孙有的以商为姓

桐夫刻注

# 牟

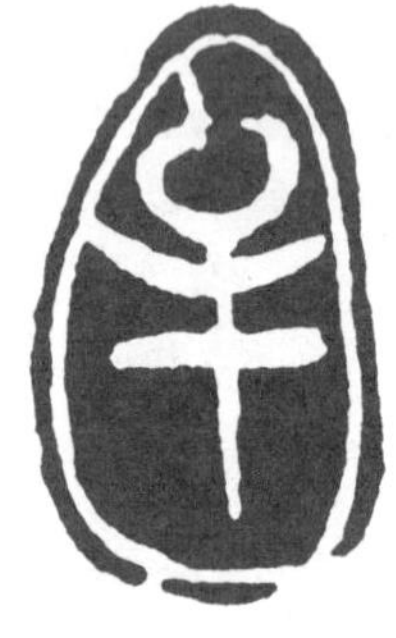

牟姓

春秋时有牟子国，其国人有以牟为姓

相夫刻注

# 佘

佘姓

唐开元时有大学士佘钦 这是姓佘的最早记载

椎夫刻注

# 佴

佴姓

晋有佴湛这是佴姓较早的记载

想夫刻注

# 伯

伯姓

古代嬴姓的祖先伯益
他在帝舜夏禹时代受到
重用 伯被禹的儿子所杀
伯益的后人以伯为姓

桂夫刻注

**赏**

賞姓

春秋时吴国有关中八
姓赏姓是其中之一
这是赏姓之始

相夫刻注

# 南宫

南宫姓

春秋时鲁國大夫孟僖子的儿子韬住在南宫其后人以南宫為姓

相夫刻注

# 墨

墨姓

商朝时孤竹国君名墨胎其后世子孙以墨为姓

相夫刻注

# 哈

哈姓

哈姓是回族十三姓之一，约在元代时中原有此姓

樵夫刻注

谯

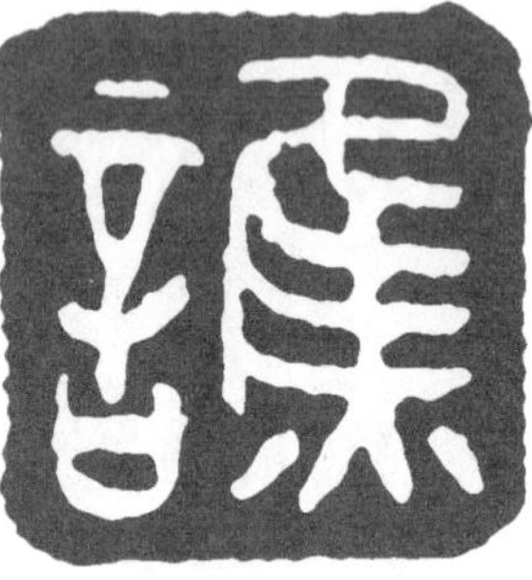

譙姓

周文王的后裔支庶十孙有一支受封于譙　其后人以譙為姓

相夫刻注

# 笪

笪姓

据通志·氏族略所记

笪氏今建州福建省

建瓯多此姓

相夫刻注

# 年

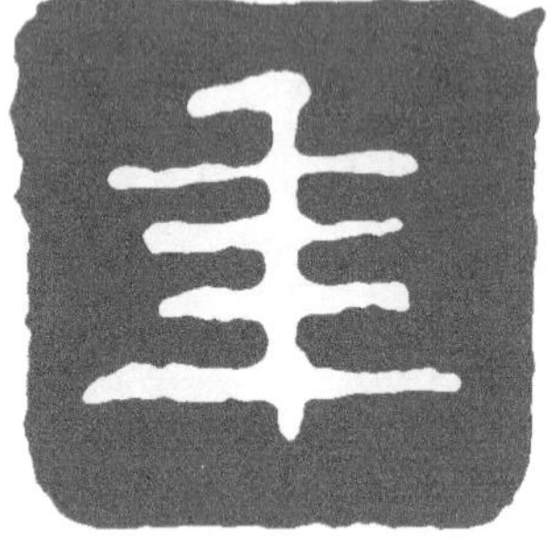

年姓

年姓出自平姓 年字与平字读音相近 古代有一支平姓子孙因读混音 而以年为姓

相夫刻注

# 爱

爱姓

唐代西域有回鹘国，其国相名爱耶勿，佑该国成唐朝附庸国。国相爱耶勿东入中原，唐皇赐姓爱，其后人遂以爱为姓。

根夫刻记

# 阳

阳姓

东周時 周景王封其小儿子于阳樊 其后人因避祸到燕国 以祖上封地阳字为姓

樵夫刻注

# 佟

## 佟姓

佟姓出自佟佳氏 在今鸭绿江之流 元明时称佟佳江 居住有佟佳氏 其后人以佟单姓为姓

根夫刻注

# 第五

第五 姓

刘邦即帝位后 把六国贵族
迁徙到关中 齐国贵族改
为第一到第八氏 东刘分第
五氏即其中一氏 其后人以
第五为姓

相夫刻注

言

言姓

春秋时吴国有人叫言偃字子游是孔子的弟子其后人以言为姓

根夫刻注

# 福

福姓

春秋时齐国有大夫福子丹其后世子孙皆以福为姓

相夫刻注

曲

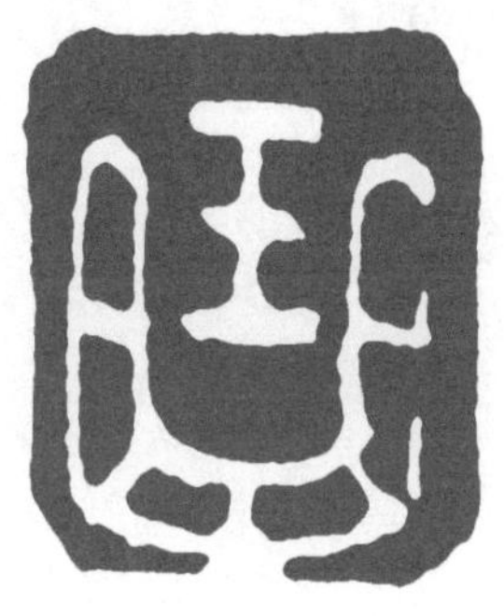

曲姓

出自曲沃桓叔和源于鞠姓但所有曲姓都源于姬姓是地道的黄帝后裔

桓夫刻注